W0077406

**Bärenstarke
Kinderkost**
Einfach, schnell
und lecker

Immer aktuell
Wir informieren Sie über wichtige Aktualisierungen zu diesem Ratgeber. Wenn sich zum Beispiel die Rechtslage ändert, neue Gesetze
oder Verordnungen in Kraft treten, erfahren Sie das unter:
www.ratgeber-verbraucherzentrale.de/aktualisierungsservice

Bärenstarke Kinderkost

Einfach, schnell und lecker

GABRIELE JANTHUR, URSULA PLITZKO, URSULA TENBERGE-WEBER

verbraucherzentrale

17
Kinder und Essen

37
Was Sie über Lebensmittel wissen sollten

Inhalt

57

Die Verteilung der Mahlzeiten

73

Süß – ein besonderer Geschmack

93

Der Vorrats- und Einkaufsplan

Rezepte

190 Süßspeisen & Desserts

Zu diesem Buch

Den Kindern ein ausgewogenes, vielfältiges Essen anzubieten ist kein Hexenwerk. Wir zeigen Ihnen, wie es gelingt, eine gute Auswahl zu treffen und wünschen uns, dass Sie gemeinsam mit den Familienmitgliedern den Kochlöffel schwingen und bärenstarke Gerichte zaubern. Unser Bär begleitet Ihre Kinder vom zweiten bis zum 14. Lebensjahr. Für die Säuglingsernährung empfehlen wir den Ratgeber „Gesunde Ernährung von Anfang an". Mehr Informationen finden Sie unter www.ratgeber-verbraucherzentrale.de.

Sie können verschiedene Einstiegsmöglichkeiten nutzen:
Der erste Teil des Ratgebers enthält die wichtigsten Informationen rund um das Thema Ernährung für Kinder. Grundlage unserer Empfehlungen sind die Referenzwerte für die Nährstoffzufuhr der Deutschen Gesellschaft für Ernährung (DGE). Bei der Lebensmittelauswahl für unsere Rezepte berücksichtigen wir darüber hinaus die Aspekte der Vollwerternährung nach Prof. Dr. Claus Leitzmann.
Vollwertiges Essen und Trinken beinhaltet demnach, gering verarbeitete, pflanzliche Lebensmittel zu bevorzugen – und heißt auch, Produkte aus der Region, nach der Saison, fair und in Bio-Qualität zu kaufen. Auf einen einfachen Nenner gebracht und egal, ob für Kinder oder Erwachsene, bedeutet dies: Viel Gemüse, Obst, Getreide, Milch und Milchprodukte und durchaus auch Fisch, Fleisch und Eier gehören auf den Tisch. Die Ernährungspyramide (→ Seite 31) erleichtert die Auswahl von Lebensmitteln und deren gezielten Einkauf.
Im zweiten Teil finden Sie 85 köstliche und mit Kindern erprobte Rezepte, auch für süße Speisen. Bei den Vorbereitungen und beim Kochen können Ihre Kinder – je nach Alter und Geschick – gut mithelfen → Seite 100.

Viel Spaß und guten Appetit!

Aus unserer
Beratungspraxis

Die wichtigsten Fragen und Antworten

→ Jährlich beantworten wir in unseren bundesweit rund 200 Beratungsstellen, am Telefon oder per E-Mail viele Fragen und helfen bei der Lösung von Problemen, die Verbraucherinnen und Verbraucher an uns herantragen. Aus dieser täglichen Praxis wissen wir, wo der Schuh drückt und wie konkrete Unterstützung aussehen kann.

Diese Erfahrungen sind Grundlage unserer Ratgeber, mit präzisen, verbraucherorientierten Informationen, zahlreichen Tipps und Hintergrundinformationen zum besseren Verständnis.

Während unsere Ratgeber die besten Empfehlungen für Sie zusammenfassen, finden Sie auf unserer Webseite Kommentare und Kritiken zu aktuellen Trends und Themen.

Sollte sich eine spezielle Frage nur individuell klären lassen, hilft unsere Beratung weiter. Eine Übersicht über unser umfassendes Beratungsangebot finden Sie unter:

www.verbraucherzentrale.de

Profitieren Sie von unserer Beratungspraxis!

Müssen Kinder Fleisch essen?

Nein! Eine vegetarische Ernährung, bei der Milch, Milchprodukte und auch Fisch und Eier auf dem Speiseplan stehen, ist kein Problem. Sie sollten allerdings auf eine eventuelle Unterversorgung mit Eisen achten und diese vermeiden. Besonders eisenreich sind Vollkorngetreide (Roggen, Hirse, Hafer) und die Gemüsearten Spinat, Fenchel, Rosenkohl und Grünkohl.

Deswegen sind Getreide und Hülsenfrüchte ein guter Fleischersatz. Vor allem die Kombination mit Vitamin-C-haltigem Obst und Gemüse sorgt dafür, dass das Eisen aus dem Getreide besser aufgenommen und umgesetzt wird.

Nicht zu empfehlen ist eine streng vegane Ernährung, bei der sämtliche tierische Lebensmittel fehlen. Kinder haben ein höheres Risiko für einen Nährstoffmangel. Die Folge können Entwicklungsstörungen sein.

→ Seite 25 f.

Mein Kind mag kein Gemüse – fehlt ihm was?

Lehnt Ihr Kind Gemüse völlig ab, können Sie eine Zeit lang einen Ausgleich durch mehr Obst und Kartoffeln herstellen. Aber auf Dauer ist Gemüse unverzichtbar. Erfahrungsgemäß kommt es nur sehr selten vor, dass Kinder gar kein Gemüse mögen, oft lehnen sie nur bestimmte Arten ab, weil sie „zu hart sind" oder „komisch schmecken".

Diese Kniffe überzeugen auch Gemüsemuffel: Pürierte Gemüse (Blumenkohl, Brokkoli, Möhren, Kürbis, Zucchini) in Soßen „verstecken" und so als ideale Ergänzung zu Reis- oder Nudelgerichten servieren, Gemüsesuppen mit Kartoffeln zubereiten, rohes Gemüse als Fingerfood mit Dip anbieten oder ein mit Frischkäse oder Quark bestrichenes Vollkornbrot mit Gemüsestücken zu einem Gesicht verzieren.

→ Seite 40 ff.

Mein Kind isst in der Kita/Schule warm. Können wir abends noch gemeinsam warm essen?

Zwei warme Mahlzeiten am Tag sind kein Problem. Vielleicht können Sie sich für die Abendmahlzeiten am Speiseplan der Kita oder Schule orientieren, damit es nicht zweimal am Tag ein und dasselbe, zum Beispiel Spaghetti Bolognese, gibt. Bieten Sie dann eher ein vegetarisches Abendessen an. Die Auswahl an warmen Speisen ist automatisch vielfältiger, unter anderem weil Gemüse, Reis und Kartoffeln zubereitet werden, die sehr nährstoffreich sind. Am besten fragen Sie Ihre Kinder einfach nach ihren Vorlieben.

→ Seite 60 ff.

Mein Kind liebt Süßigkeiten. Was kann ich gegen das ständige Naschen tun?

Achten Sie auf Ihr eigenes Naschverhalten, um auszuschließen, dass Ihr Kind nur das nachahmt, was Sie ihm vormachen. Überprüfen Sie, ob eventuell der Abstand zwischen den Hauptmahlzeiten zu lang ist. Kleine herzhafte Imbisse beugen gut vor. Und wie sieht's mit möglicher Langeweile aus? Wenn sie ein Grund sein könnte, hilft es, wenn Sie mit Ihrem Kind überlegen, was man außer Naschen noch (gemeinsam) tun könnte.

Wird in Ihrer Familie Süßes als Trostpflaster bei Schwierigkeiten oder als Belohnung für besondere Leistungen eingesetzt? Versuchen Sie, das zu vermeiden. Denn wenn Sie Lob und Tadel mit Süßigkeiten erteilen, konditionieren Sie Ihr Kind mit dieser „süßen" Art von Problemlösung für sein späteres Leben.

→ Seite 73 ff.

Braucht mein Kind Vitamintabletten, angereicherte Säfte oder Produkte, die speziell für Kinder sind?

Nein. Eine abwechslungsreiche Ernährung enthält alle wichtigen Nährstoffe. In Deutschland leidet in der Regel kein normal essendes Kind an einem Vitamin-C- oder Vitamin-B-Mangel, und doch werden diese Vitamine besonders häufig angeboten. Eine Kombination angereicherter Produkte wie zum Beispiel Saft, Bonbons, Milchprodukte oder Cerealien kann im Gegenteil zu einer Überdosierung einzelner Vitamine und Mineralstoffe führen. Auch Vitamintabletten enthalten teilweise zu viel oder zu wenig der angepriesenen Nährstoffe und sind nicht sinnvoll zusammengestellt.

Kinder, die im Alltag und in der Schule fit sein sollen, brauchen ausreichend Schlaf, Bewegung sowie vollwertiges Essen und Trinken nach der Ernährungspyramide.

→ Seite 31 ff.

Soll ich Bio-Obst und Bio-Gemüse kaufen?

Nach Möglichkeit ja. Bio-Obst und -Gemüse, aber natürlich auch alle anderen Lebensmittel aus dem ökologischen Landbau, werden umweltschonend erzeugt. Bei der Produktion wird auf leicht lösliche Stickstoffdünger und chemisch-synthetische Pflanzenschutzmittel verzichtet. Aus diesem Grund sind Rückstände von Pflanzenschutzmitteln in Öko-Lebensmitteln normalerweise nicht enthalten. Allgegenwärtige Umweltschadstoffe aus Kraftfahrzeugen oder industrieller Produktion sind jedoch auch auf und in ökologisch erzeugten Lebensmitteln nachzuweisen.

Dennoch: Wenn Sie Lebensmittel aus dem ökologischen Landbau kaufen, tun Sie der Umwelt und Ihrer Gesundheit langfristig etwas Gutes.

→ Seite 40 f.

Wie isst Ihre Familie?
Eine Momentaufnahme

Die nachfolgenden Fragen sind eine Anregung zum Nachdenken: Was und wie isst Ihre Familie? So finden Sie vielleicht einen Aspekt, den Sie verbessern möchten und können direkt quer in das Thema einsteigen, das Ihnen am Herzen liegt.

Schauen Sie in einigen Monaten noch einmal in diese Tabelle und stellen Sie fest, ob sich etwas verändert hat.

Wie oft isst oder trinkt Ihr Kind was?

	👍	✋	👎
Getränke	5–6 x täglich	3–4 x täglich	1–2 x täglich
Gemüse und Obst	4–5 x täglich	2–3 x täglich	1 x täglich
Brot, Getreide, Kartoffeln	3–4 x täglich	2 x täglich	1 x täglich
Milchprodukte	3 x täglich	1–2 x täglich	1 x täglich
Fisch	1 x/Woche	alle 2 Wochen	selten
Fleisch	2–3 x/Woche	4–5 x/Woche	täglich
Eier	2–3 x/Woche	4–5 x/Woche	täglich
Süßigkeiten und Snacks	3–4 x/Woche wenig	täglich wenig	täglich viel

Ess- und Tischgewohnheiten

1. Hat Ihr Kind morgens genügend Zeit zu frühstücken?

2. Welche Mahlzeiten essen Sie gemeinsam?

3. Wie viel Zeit nehmen Sie sich für das gemeinsame Essen?

4. Wie häufig isst Ihr Kind am Tag große oder kleinere Mahlzeiten?

5. Wann isst Ihr Kind besonders viel? Wenn es sich langweilt, bei Stress in der Schule, in der Familie oder wenn es Frust mit Freunden hatte?

6. Würden Sie Ihr Kind eher als über- oder eher als untergewichtig beschreiben?

7. Was isst und trinkt Ihr Kind am liebsten und was gar nicht? Listen Sie hier die Speisen und Getränke auf.

Mein Kind liebt	Mein Kind mag nicht

Kinder und Essen

Die Essgewohnheiten gehören zu den beständigsten Verhaltensmustern eines Menschen. Sie entwickeln sich vorwiegend in der Familie, werden aber auch bei der Tagesmutter, im Kindergarten, in der Schule, in der Freizeit am Nachmittag von Freunden und durch Werbung beeinflusst. Ein Kind orientiert sich an seinen Bezugspersonen und ahmt sie nach – so auch beim Essen und Trinken.

Einflüsse: Familie, Kita, Schule, Werbung

Die ersten Bezugspersonen sind natürlich die Eltern. Deren Einstellung gegenüber bestimmten Produkten, ihr Umgang mit Lebensmitteln und ihre Essgewohnheiten, sprich das familiäre Ernährungsmuster, übertragen sich automatisch auf das Kind. Für das Essverhalten eines Kindes ist es deshalb wichtig, womit es aufwächst: mit Pausenbroten von zu Hause oder Snacks vom Kiosk, mit Mahlzeiten aus frischen Lebensmitteln oder aus der Tiefkühltruhe. Egal, was Kindern angeboten wird, ob Limo, Kekse oder Würstchen, ob Müsli, Vollkornbrot, Rohkost oder Säfte – sie betrachten diese Lebensmittel als normal und akzeptieren sie.

In der Tagespflege oder Kita kommen neue Einflüsse und Vorbilder hinzu. Das Kind probiert Neues und Unbekanntes, die Lebensmittelauswahl wird größer und das Essverhalten ändert sich. Ihr eigener Einfluss auf die Ernährung des Kindes wird geringer. Umso wichtiger wird es, zu Hause eine gute Auswahl mit viel Gemüse und Obst auf den Tisch zu bringen.

In der Schule spielen zunehmend die Freunde eine Rolle. Deren Vorlieben und der allgemeine Trend beeinflussen dann das Essverhalten, dazu kommen Lebensmittel und Getränke, die in den Schulen angeboten werden. Immer mehr Kinder besuchen Ganztagsschulen und essen dort ein bis zwei Mahlzeiten. Das Angebot in der Schule übt somit über einen langen Zeitraum Einfluss auf die Essgewohnheiten aus.

Auf dem Schulweg finden sich oft Bäcker oder Supermärkte, die zum Einkauf eines Snacks verleiten. Zusätzlich bieten Schulen die Möglichkeit, ein Pausenfrühstück zu kaufen. Die Auswahl fällt dabei meist auf helle Brötchen mit Wurst, Süßigkeiten, Limonade oder Fruchtsaftgetränke anstatt auf Vollkornbrötchen, frisches Obst, Rohkost oder eine Milch. Da bleiben selbst gemachte Pausenbrote in der Schultasche oder wandern in den Mülleimer.

Mit Werbung im Fernsehen und in sozialen Medien werden Produkte oft in Verbindung mit eingängigen Liedern, besonderen Figuren und Helden oder in Verbindung mit wagemutigem, akrobatischem Können gezeigt. Markennamen prägen sich so sehr gut ein und werden dann bevorzugt gekauft.

Nach einer neueren Untersuchung der Universität Hamburg enthalten 60 Prozent der Webseiten zur Vermarktung von Lebensmitteln Elemente, die besonders Kinder ansprechen sollen. Dazu gehören sogenannte Advergames (Spiele), eine YouTube-Anbindung, Downloads oder eine Smartphone-App. Bereits die Hälfte der Kinder zwischen sechs und 13 Jahren ist mit einem eigenen Handy oder Smartphone ausgestattet und so über solche Angebote erreichbar (KidsVerbraucher-Analyse 2015).

Was und wie viel brauchen Kinder?

Die körperliche und geistige Entwicklung, die Konzentrations- und Leistungsfähigkeit sowie die Widerstandskraft gegen Krankheiten werden entscheidend beeinflusst durch das, was Kinder essen und trinken. Das gilt für Kinder und Erwachsene gleichermaßen. Gesund und fit bleibt man in aller Regel mit einer vollwertigen Ernährung. Vollwertig heißt: Nährstoffe wie Vitamine und Mineralstoffe, Ballaststoffe und sekundäre Pflanzenstoffe werden in ausreichender Menge gegessen. Die Menge an Kohlenhydraten, Fetten und Eiweiß als Energielieferanten ist dem Bedarf angepasst und steht in einem bestimmten Verhältnis zueinander. Mehr erfahren Sie unter www.dge.de unter den Stichpunkten Ernährungspraxis / Vollwertige Ernährung.

Kinder weisen im Unterschied zu Erwachsenen intensive und schnelle Stoffwechselvorgänge auf, die durch das Wachstum und den Bewegungsdrang entstehen (Kasten → Seite 20). Sie benötigen, unabhängig von Alter, Körpergröße, Körpergewicht und Bewegungsintensität, Energie. Bezogen auf ein Kilogramm Körpergewicht ist ihr Energiebedarf höher als der von Erwachsenen.

Normales Wachsen heißt: Es geht mal in die Breite, mal in die Länge. Das normale Wachstum im ersten Lebensjahr ist vor allem ein Größenwachstum und erstreckt sich gleichzeitig in die Länge und in die Breite. Am Ende des ersten Lebensjahres haben alle Organe, die mit der Nahrungsaufnahme und Verdauung zu tun haben, eine gewisse Stabilisierung erfahren. Das Kind nimmt jetzt wesentlich langsamer an Gewicht zu als in seinen ersten Lebensmonaten. Sobald es laufen lernt, schwindet das Fettpolster zugunsten der Muskelbildung.

Im Kleinkindalter geht es wieder mehr in die Fülle als in die Höhe. Manches Kind wirkt dann richtig pummelig. Zwischen dem fünften und siebten Lebensjahr steht das Längenwachstum im Vordergrund. Das Kind sieht schlanker aus, bevor es vom achten bis zum zehnten Lebensjahr wieder eher an Gewicht und weniger an Größe zulegt. Zwischen dem elften und 15. Lebensjahr gibt es dann wieder ein Längenwachstum. Kinder sind in dieser Zeit häufig mager, hoch aufgeschossen und haben eine schwache Muskulatur.

Diese natürlichen Wachstumswellen sollten Eltern berücksichtigen, bevor sie sich möglicherweise unnötige Sorgen wegen des Gewichts ihrer Kinder machen oder gar korrigierende Maßnahmen einleiten.

In der folgenden Übersicht wird der Energiebedarf von Kindern dargestellt. Die Kalorienangaben sind Mittelwerte und gelten für Kinder mit durchschnittlichem Gewicht und durchschnittlicher Größe.

Richtwerte für den Energiebedarf von Kindern (in kcal/Tag)

ALTER	MÄDCHEN	JUNGEN
1–3 Jahre	1.100	1.200
4–6 Jahre	1.300	1.400
7–9 Jahre	1.500	1.700
10–12 Jahre	1.700	1.900
13–14 Jahre	1.900	2.300

Quelle: D-A-C-H Referenzwerte für die Nährstoffzufuhr, www.dge.de/wissenschaft/referenzwerte/energie/ (Stand Mai 2018)

Worauf kommt es an?

Eiweiß, Fett und Kohlenhydrate sind die Hauptnährstoffe und Energie- und damit Kalorienlieferanten. Wenn Sie wissen wollen, wie viel Kinder davon benötigen, können Sie dies mithilfe der folgenden Informationen selbst abschätzen. Diese Prozentzahlen sind auch die Basis für die Berechnung der Lebensmittelmengen in der Tabelle auf → Seite 53.

Die Energielieferanten

Den größten Teil der Nahrungsenergie, mehr als 50 Prozent, liefern die **Kohlenhydrate.** Stärke, Zucker und Ballaststoffe gehören zu dieser Gruppe. Vor allem Getreide, Kartoffeln, Obst und Gemüse sollten die Zufuhr bestimmen. Diese Lebensmittelgruppen sichern auch eine ausreichende Ballaststoffzufuhr. Ein Gramm Kohlenhydrate liefert rund vier Kilokalorien.

Fette liefern ca. 30 Prozent der Nahrungsenergie. Sie sollten vorwiegend pflanzlicher Herkunft, zum Beispiel aus Nüssen und Ölen sein. Der Rest, also 15 Prozent der Energie, kommt aus **Eiweiß,** je zur Hälfte aus Pflanzen wie Getreide und Kartoffeln und von tierischen Produkten wie Milch, Eier, Fleisch und Fisch. Ein Gramm Fett liefert rund neun Kilokalorien und ein Gramm Eiweiß rund vier Kilokalorien.

Mithilfe dieser Prozentzahlen können Sie individuell und altersgerecht die Grammmengen für die einzelnen Energielieferanten errechnen.

Beispiel: Mädchen, 8 Jahre

ENERGIEBEDARF	1.500 KCAL
zum Beispiel	
55 % Kohlenhydrate	= 825 kcal : 4 kcal/g = 206 g
30 % Fett	= 450 kcal : 9 kcal/g = 50 g
15 % Eiweiß	= 225 kcal : 4 kcal/g = 56 g

Aufgaben und Vorkommen der Hauptnährstoffe: Kohlenhydrate

NÄHRSTOFF	AUFGABEN	VORKOMMEN
Stärke	Energielieferant	Getreide, Brot, Hülsenfrüchte, Kartoffeln
Ballaststoffe	Verdauung regulierend, vorbeugend gegen Herz-Kreislauf-Erkrankungen und bestimmte Krebserkrankungen, z.T. cholesterinsenkend und entzündungshemmend	Getreideprodukte aus Vollkorn, z.B. Brot, Nudeln, Müsli und Reis; Hülsenfrüchte, Gemüse, Obst, Nüsse, Pilze
Zucker und andere Süßungsmittel	Energielieferant	u.a. Haushaltszucker, Honig, Ahornsirup, süße Lebensmittel, Obst

Aufgaben und Vorkommen der Hauptnährstoffe: Fett

NÄHRSTOFF	AUFGABEN	VORKOMMEN
pflanzliche Fette	Energielieferant, fettlösliche Vitamine A, D, E; einfach und mehrfach ungesättigte Fettsäuren	pflanzliche Öle wie Raps- und Olivenöl, Margarine, Nüsse und andere Samenfrüchte, z.B. Sesam- und Leinsamen
tierische Fette	Energielieferant, fettlösliche Vitamine A, E; mehr gesättigte Fettsäuren, wenig ungesättigte Fettsäuren	Butter, Käse, Milch und Milchprodukte, Fleisch, Wurst, Eier

Aufgaben und Vorkommen der Hauptnährstoffe: Eiweiß

NÄHRSTOFF	AUFGABEN	VORKOMMEN
pflanzliches Eiweiß	Baustein für das Wachstum und alle Körperzellen, liefert Aminosäuren	Getreide, Getreideprodukte, Hülsenfrüchte wie Bohnen, Linsen; Sojaprodukte
tierisches Eiweiß	Baustein für das Wachstum und alle Körperzellen, liefert Aminosäuren; tierisches Eiweiß ist besser verwertbar als pflanzliches Eiweiß	Fleisch, Fisch, Eier, Milch und Milchprodukte

Vitamine und Mineralstoffe

Vitamine und Mineralstoffe liefern keine Energie, sie sind Wirkstoffe, die im Stoffwechsel lebensnotwendige und unterschiedliche Aufgaben erfüllen. Nur wenn sie in ausgewogener Menge aufgenommen werden, ist eine gesunde Entwicklung bei Kindern gewährleistet. Gesundheitsfördernd sind auch die sogenannten sekundären Pflanzenstoffe. Sie wirken zum Beispiel antibakteriell und krebsvorbeugend und kommen nur in pflanzlichen Lebensmitteln vor, zum Beispiel als Farbstoff in Möhren und Brokkoli oder als Öle und Aromen in Kräutern und Zwiebelgewächsen.

Die Zufuhr der meisten Vitamine und Mineralstoffe ist gesichert. Probleme bereiten kann die bedarfsgerechte Zufuhr von Eisen, Jod, Kalzium, Folat und Vitamin D, die man daher auch als „kritische Nährstoffe" bezeichnet.

Wenn Sie die Aufgaben und Vorkommen dieser wichtigen Vitamine und Mineralstoffe kennen, fällt Ihnen die Zusammenstellung optimaler Mahlzeiten leichter (Übersicht, → Seite 33).

Bedarf an kritischen Vitaminen und Mineralstoffen

NÄHRSTOFFE	1–3 JAHRE	4–6 JAHRE	7–9 JAHRE	10–12 JAHRE W	M	13–15 JAHRE W	M
Eisen in mg	8	8	10	15	12	15	12
Jod in µg	100	120	140	180		200	
Kalzium in mg	600	750	900	1100		1200	
Folat in µg	120	140	180	240		300	
Vitamin D in µg	20	20	20	20		20	

Quelle: D-A-C-H Referenzwerte für die Nährstoffzufuhr, 2016

Mit zunehmendem Alter der Kinder steigt ihr Bedarf an wichtigen Nährstoffen (siehe oben). Gute Lieferanten dieser Vitamine und Mineralstoffe sollten Sie entsprechend berücksichtigen. Wie gesunde Mahlzeiten aussehen, erfahren Sie ab → Seite 107.

Aufgaben und Vorkommen kritischer Mineralstoffe

NÄHRSTOFF	AUFGABEN	VORKOMMEN
Eisen	Bestandteil des roten Blutfarbstoffs; Sauerstoffversorgung des Körpers; Aufbau von Enzymen	Fleisch, Getreide, Nüsse, grünes Gemüse
Jod	Baustein zur Bildung von Schilddrüsenhormonen	Seefisch, jodiertes Speisesalz, mit Jodsalz hergestellte Lebensmittel wie Brot, Käse, Wurst
Kalzium	Aufbau und Erhaltung von Knochen und Zähnen; Funktion von Muskeln und Nerven	Milch und Milchprodukte, Käse, Nüsse, Gemüsearten wie Brokkoli, Grünkohl, Spinat, kalziumreiches Mineralwasser

Aufgaben und Vorkommen kritischer Vitamine

NÄHRSTOFF	AUFGABEN	VORKOMMEN
Folat	Bestandteil von Enzymen Zellteilung, Zellerneuerung	grünes Blattgemüse, Salat, Nüsse, Orangen, Vollkornprodukte, Kartoffeln, Eier
Vitamin D	beteiligt am Skelettaufbau; verbessert die Kalziumaufnahme im Darm; beteiligt am Kalziumstoffwechsel	fettreiche Fische wie Lachs, Hering, Makrele und Eier; Eigenproduktion aus Vorstufen in der Haut durch Bewegung und Aufenthalt im Freien

Was essen Kinder?

Kinder verfügen über ein recht gutes Ernährungswissen, so gelten zum Beispiel Obst, Gemüse und Milchprodukte bei ihnen als gesund. Aber ihr Verhalten wird in der Regel nicht vom Kopf gesteuert. Von Gemüse und Obst, Kartoffeln und Brot essen sie eher zu wenig. Bei Fleisch und Wurst sowie Süßigkeiten und Softgetränken ist die Menge dagegen höher als gewünscht.

Viele äußere Einflüsse lassen Kinder zumindest ab der Schulzeit gern unterwegs und außer Haus essen, oder sie orientieren sich zunehmend an Freunden und greifen zu Pizza, Burger, Pommes und Eis, Schokolade, Süßigkeiten und Softdrinks. Dafür geben sie einen Großteil ihres Taschengelds aus, das sind immerhin durchschnittlich 26 Euro im Monat bei den 6- bis 13-Jährigen (KidsVerbraucherAnalyse 2015).

Gute Essgewohnheiten entwickeln

Ungünstige Essgewohnheiten aus der Kindheit sind nur schwer wieder loszuwerden. Wenn dadurch Übergewicht entsteht, kann das für das Kind und auch später als Erwachsener zum Problem werden und Herz-Kreislauf-Erkrankungen, Osteoporose, Diabetes mellitus, Gicht und bestimmte Krebserkrankungen begünstigen. Argumentieren Sie trotzdem nicht damit, wie gesund beispielsweise Gemüse sei. Für Kinder ist die Auswirkung von unausgewogener Ernährung weit in der Zukunft und nicht vorstellbar. Mit einem ausgewogenen Angebot an Lebensmitteln zu Hause und mit Eltern als gutem Vorbild können sich günstige Essgewohnheiten bei den Kindern entwickeln und festigen. Stimmt auch das Essen in der Kita und der Schule, kann diesen Zivilisationskrankheiten früh vorgebeugt werden.

Was Kindern manchmal fehlt

Beim Blick auf das Essen der Kinder hat sich gezeigt, dass die Aufnahme von Energie aus Kohlenhydraten, Fetten und Eiweiß im Durchschnitt den Empfehlungen entspricht. Eine ausreichende Versorgung ist auch bei den meisten Vitaminen und Mineralstoffen gegeben. Dennoch kommen einige Nährstoffe zu kurz und sollten bei der Auswahl der Lebensmittel besonders beachtet werden.

Aus der Gruppe der Kohlenhydrate sind es vor allem die **Ballaststoffe.** Sie haben wichtige Funktionen im Darm und sind reichlich in Vollkorngetreide zu finden.

Mit **Kalzium** und **Eisen** sind besonders Mädchen oft nicht ausreichend versorgt. Kalzium ist ein wichtiger Baustoff für die Knochen und hauptsächlich in Milch und Milchprodukten enthalten. Eisen ist wichtig für den Transport von Sauerstoff im Blut. Außer Fleisch leisten vor allem Vollkornprodukte einen wesentlichen Beitrag zur Versorgung.

Die Jodzufuhr hatte sich aufgrund zahlreicher Maßnahmen in Deutschland zunächst verbessert. Dieser positive Trend ist leider wieder rückläufig: Grund kann der verringerte Einsatz von Jodsalz in der Lebensmittelherstellung sein. **Jod** wirkt als Bestandteil der Schilddrüse und beeinflusst zahlreiche Stoffwechselprozesse. Der Verzehr von Seefisch, Milch und Milchprodukten sowie die Verwendung von Jodsalz tragen wesentlich zur optimalen Versorgung bei.

Folat gehört ebenso wie **Vitamin D** zu den Vitaminen, die bei den derzeitigen Essgewohnheiten häufig nicht ausreichend aufgenommen werden. Folat ist wichtig für die Zellneubildung und -teilung. Reich an Folat sind Blattgemüse, einige Kohlarten, Tomaten, Orangen und Vollkorngetreide.

Eine ausreichende Vitamin-D-Versorgung ist Voraussetzung für eine optimale Kalziumaufnahme und somit für den Aufbau von Knochensubstanz. Vitamin D wird mithilfe von ultraviolettem Licht aus Vorstufen in der Haut gebildet. Wie viel Vitamin D dabei entsteht, ist abhängig vom Hauttyp, vom Anteil der unbekleideten Hautfläche und der Dauer des Aufenthalts im Freien. Nach heutiger Kenntnis reicht die Sonnenstrahlung in unseren Breiten nicht aus, um auch im Winter genügend Reserven an Vitamin D zu bilden. Daher kann die Einnahme eines Vitamin-D-Präparats in Absprache mit dem Kinderarzt sinnvoll sein.

Vitamin D kommt in nennenswerten Mengen in fettreichem Fisch, Pilzen, Butter, vollfetten Milchprodukten, angereicherter Margarine und Eigelb vor.

Was tun?

Bei allen hier erwähnten Nährstoffen und möglicher Unterversorgung ist wichtig zu wissen: Kein Kind und kein Erwachsener isst genau nach Plan und Vorgabe täglich das, was der Körper theoretisch braucht. Trotzdem ist in der Regel eine Gabe von Nahrungsergänzungsmitteln nicht notwendig! Essen sollte auch einfach Spaß machen und zu einem schönen gemeinsamen Erlebnis werden.

Hilfreich ist ein vielfältiges, abwechslungsreiches Angebot, am besten nach Saison. Orientieren Sie sich auch an den Vorlieben der Kinder. Denn das beste Angebot nützt nichts, wenn Ihr Kind keine Lust darauf hat.

Nehmen Sie sich Zeit, gemeinsam mit Ihrem Kind zu kochen. So wird es neugierig darauf, wie das fertige Gericht schmeckt.

Wie wird die Gewichtsentwicklung von Kindern beurteilt?

Ob sich Ihr Kind in punkto Gewicht gut entwickelt, lässt sich mit verschiedenen Mitteln beurteilen. Zum einen gibt der Kinderarzt bei den regelmäßigen Untersuchungen einen Hinweis, wenn sich Ihr Kind weniger günstig und nicht entlang der im Untersuchungsheft abgebildeten Kurven zu Körpergröße und Körpergewicht entwickelt. Zum anderen beobachten Sie Ihr Kind täglich und können so wahrnehmen, wenn sich eine ungünstige Entwicklung abzeichnet. Wichtig ist auf jeden Fall zu den angebotenen Vorsorgeuntersuchungen zu gehen und den Arzt bei diesen Terminen anzusprechen, wenn Sie sich Sorgen über die Gewichtsentwicklung Ihres Kindes machen.

Der sogenannte BMI (Body-Mass-Index) alleine ist bei Kindern nicht zur Beurteilung des Gewichtes geeignet. Für Kinder zieht man die im Untersuchungsheft abgebildeten Wachstumskurven hinzu. Hier werden statistische Daten zur Verteilung der Körpermessgrößen bei Kindern in der Bevölkerung zugrunde gelegt. Dabei sollen sich die Kinder entlang dieser Linien entwickeln. Die Wachstumskurven finden Sie unter www.verbraucherzentrale.nrw/gewicht-kinder oder im gelben Untersuchungsheft Ihres Kindes. Nicht immer ist Ihr Kind direkt über- oder untergewichtig.

 EXKURS

Essstörungen erkennen

Die Pubertät bringt große körperliche Veränderungen bei Jugendlichen mit sich. Vor allem Mädchen können dazu neigen, ein möglichst geringes Körpergewicht erreichen zu wollen.

Kinder mit Essstörungen wie zum Beispiel Magersucht oder Bulimie brauchen auf jeden Fall ärztliche Behandlung und psychologische Betreuung. Hilfe finden Eltern und Angehörige bei der Bundeszentrale für gesundheitliche Aufklärung: www.bzga-essstoerungen.de/

„Mein Kind ist zu dünn – was soll ich tun?"

„Mein Kind ist zu dick – was soll ich tun?"

Stellen Sie mit der Grafik fest, ob Ihr Kind wirklich zu dünn ist. Ist dies der Fall, sollten Sie sich Gedanken über die Ursachen machen und den Kinderarzt beim nächsten Gespräch danach fragen. Einige Beispiele für mögliche Ursachen:

Ihr Kind hat gerade einen Wachstumsschub. Es hat nicht genug Zeit zum Essen. Es hat keinen Appetit. Es treibt zu viel Sport. Es ist oft zu müde zum Essen. Es hat womöglich Ärger, beispielsweise in der Schule oder mit Freunden. Ältere Mädchen – aber auch manche Jungen – verfolgen ein bestimmtes Schönheitsideal.

Sollte Ihr Kind kein „großer Esser" sein, können Sie durch den Zusatz von Nüssen, Trockenobst, Sahne oder Butter die Speisen etwas energiehaltiger gestalten. Bieten Sie am besten fünf bis sechs kleine Mahlzeiten an, und reichen Sie zu den Zwischenmahlzeiten Rohkost oder Obst, ein kleines Müsli mit Nüssen oder eine Quarkspeise mit einem Löffel Porridge aus Hafer.
→ Seite 60 ff.

Versuchen Sie zunächst, die Ursachen für das Übergewicht Ihres Kindes herauszufinden (siehe rechts). Beobachten Sie Ihr Kind, sprechen Sie mit Ihrem Kinderarzt oder wenden Sie sich an eine zertifizierte Ernährungsberatung, www.wegweiser-ernaehrungsberatung.de.

Tipps zum Umgang mit Übergewicht:
- Berücksichtigen Sie beim Kochen die Wünsche Ihres Kindes.
- Trösten und belohnen Sie Ihr Kind lieber mit Worten und Zuneigung als mit Süßem.
- Schaffen Sie Gelegenheiten, bei denen Sie sich gemeinsam bewegen.
- Beschäftigen Sie sich mit Ihrem Kind, wenn es Aufmerksamkeit braucht.
- Wenn Ihr Kind Langeweile hat, überlegen Sie gemeinsam, was Abhilfe schafft.
- Gehen Sie in der Küche mit Fett und Zucker sparsam um.
- Wählen Sie fettarme Sorten bei Milch (1,5 %), Joghurt (1,5 %), Quark, Käse und Wurst.
- Ersetzen Sie Wurst oder Käse durch einen vegetarischen Aufstrich mit Gurken- oder Tomatenscheiben.

„Übergewicht hat viele verschiedene Ursachen."

DR. INES GELLHAUS, Ärztin und Oecotrophologin, hat ihre Praxis mit dem Schwerpunkt Ernährungsberatung und -therapie für Kinder und Jugendliche in Paderborn. Sie ist 1. Vorsitzende der Konsensusgruppe Adipositasschulung für Kinder und Jugendliche e.V.

Wie entsteht Übergewicht bei Kindern und was kann man dagegen tun?

Übergewicht bei Kindern hat viele verschiedene Ursachen. Eine sehr wichtige ist die Veranlagung, die durch die Gene, aber auch durch die Umwelt und den Lebensstil der Familie geprägt wird. Kommen dann ungünstige Lebensumstände, wie beispielsweise mangelnde Bewegung, eine unausgewogene Lebensmittelauswahl oder zu schnelles und unregelmäßiges Essen, Essen aus Frust, Langeweile oder Stress hinzu, kann sich Übergewicht entwickeln. Dazu reicht dann schon ein geringer Überschuss an Energie von nur 40–70 Kilokalorien täglich im Vergleich zum Energieverbrauch. Versuchen Sie zunächst, die individuellen Ursachen herauszufinden. Mehr körperliche Aktivität (vor allem im Alltag) und die richtige Lebensmittelauswahl sind wichtige Säulen, wenn man Übergewicht verringern möchte. Bewegung kann außerdem das Selbstwertgefühl des Kindes positiv beeinflussen und dabei helfen, von anderen Kindern besser akzeptiert zu werden. Unterstützen Sie Ihr Kind, indem Sie seine Probleme ernst nehmen und gemeinsam Regeln zum Thema Essen und Bewegung vereinbaren.

Wie können Eltern, die selbst übergewichtig sind, ein Übergewicht bei ihren Kindern vermeiden?

Neben der richtigen Lebensmittelauswahl sind positive Gefühle und eine gute Atmosphäre bei den Mahlzeiten entscheidende Faktoren für die Entwicklung eines gesunden Essverhaltens. Dabei sind alle Bezugspersonen des Kindes als Vorbilder gefragt.

Sie sollten klare Regeln einführen: einen gemeinsamen Beginn der Mahlzeiten, Wasser als Getränk zum Essen und kein Streit bei Tisch, sondern eine entspannte Atmosphäre. Die Essgeschwindigkeit lässt sich durch bewusste Pausen regulieren, was u.a. dem Genuss und der Sättigung zugutekommt. Auch in Hinblick auf die Bewegung sind Eltern ein Vorbild. Häufig kann durch kleine Maßnahmen, zum Beispiel den Arbeits- und Schulweg und Einkäufe zu Fuß oder mit dem Fahrrad erledigen, deutlich mehr Aktivität im Alltag integriert werden.

Richtig essen mit der
Ernährungspyramide

Manchmal ist es schwierig, aus dem unüberschaubar
großen Lebensmittelangebot das zu erkennen, was
lecker und gesund, qualitativ gut und den Preis wert ist.
Die Ernährungspyramide zeigt, wie es gehen kann.
Sie ist eine familientaugliche Orientierungshilfe für
die richtige Auswahl der Lebensmittel und hilft, die
passenden Portionsgrößen und Mahlzeiten-
kombinationen zu finden.

Empfehlungen aus der Ernährungspyramide

FARBE IN DER PYRAMIDE	EBENE DER PYRAMIDE	MENGENEMPFEHLUNG PRO TAG	BESONDERHEITEN
Grün	1. Ebene	6 Portionen	Reichlich energiefreie Getränke wie Wasser und Tee
Grün	2. Ebene	5 Portionen Gemüse und Obst (roh oder zubereitet)	Mehr Gemüse als Obst, auch als Rohkost
Grün	3. Ebene	4 Portionen Brot, Getreide und Beilagen	Möglichst Vollkorn-produkte bei Brot und Getreide, Kartoffeln
Gelb	4. Ebene	3 Portionen Milch, Milchprodukte und 1 Portion Fleisch oder Wurst oder Fisch oder Ei	Fettarme Milch, Milch-produkte und Wurst, ab und zu fettreicher Seefisch
Rot	5. Ebene	2 Portionen Öl, (Streich-)Fett	Pflanzliche Fette bevorzugen
Rot	6. Ebene	1 Portion Süßigkeiten oder Snacks	Süßigkeiten einschränken

→ **TIPP**

Weitere Informationen zur Ernährungs-pyramide finden Sie auch unter www.bzfe.de/ernaehrungspyramide. Wie sich die Pyramide über einen Tag hin-weg passend füllen lässt, zeigt das Bei-spiel auf den folgenden Seiten. Wie groß die jeweiligen Portionen sind, wird mit dem praktischen Handmodell ab → Seite 34 erläutert. Die einzelnen Lebensmittelgruppen werden im fol-genden Kapitel näher beschrieben.

Beispiel für einen Tagesplan

MAHLZEIT	BEISPIELE	PORTIONEN	ERNÄHRUNGS-PYRAMIDE
Frühstück	Kräutertee, Müsli mit Joghurt und frischem Obst	Milchprodukt Getreide Obst/Gemüse Getränk	
2. Frühstück	Trink- oder Mineralwasser, Blitzbrot mit Apfel-Curry-Brotaufstrich, Kohlrabischeiben	Milchprodukt Getreide Gemüse/Obst Getränk	
Mittagessen	Trink- oder Mineralwasser, Nudelauflauf mit Gemüse, Ei und Milchprodukt	Fett Ei, Milchprodukt Getreide Gemüse/Obst Getränk	
Zwischen-mahlzeit	Verdünnter Obstsaft, Rohkost	Gemüse/Obst Getränk	
Abendessen	Früchtetee, Weizenbrötchen mit Butter und Möhren-Hummus, Rohkost	Fett Getreide Obst/Gemüse Getränk	
„Extras"	Gummibärchen	Schleckerei	
Zwischendurch	Wasser	Getränk	

Portionen und Mengen: das Handmodell

Sie haben die richtige Auswahl bei den Lebensmitteln getroffen und die Anzahl der Portionen ermittelt. Doch nun stellen Sie sich die Frage: Was bedeutet eine Portion? Wie groß darf die Menge sein? Die richtige Menge ist die, mit der der Energie- und Nährstoffbedarf dem Alter des Kindes entsprechend gedeckt werden kann. Dann wächst das Kind gesund auf, ist fit und leistungsfähig und entwickelt sein Gewicht im Normbereich. Ohne lästiges Berechnen und Abwiegen bedeutet das: Die Portionsgröße orientiert sich an der Größe der eigenen Hand. Nach dem Motto „Kleine Hände, kleine Portionen – große Hände, große Portionen" ist dieses Maß individuell und wächst mit.

Für Kleinkinder orientieren Sie sich bei den Mengen für Getränke, Milch und Milchprodukte bitte an der Tabelle auf → Seite 53, da die Mengen hier etwas kleiner sind als im Handmodell dargestellt.

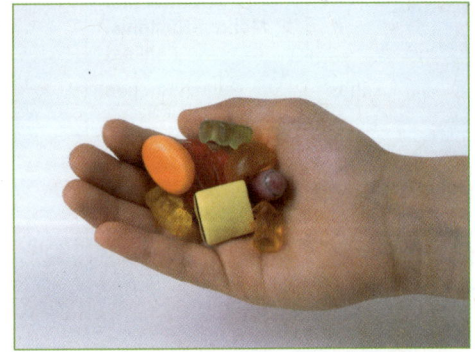

Nach dem Handmodell geeignete Portionen

LEBENSMITTEL	PORTIONSGRÖSSE
für die Getränke	ein volles Glas (100–250 ml)
für Beilagen wie z.B. Kartoffeln, Reis, Nudeln	beide Hände zur Schale geformt
für Brot	die ganze Handfläche
für Obst und Gemüse großstückig, z.B. ein ganzer Apfel	eine Handvoll
für Obst und Gemüse/Salat, kleinstückig	beide Hände zur Schale geformt
für Milch, Joghurt	1 Glas (100–150 ml) 1 Becher (100–150 g)
für Käse, Wurst, Fleisch	der Handteller
für Fett	in Esslöffeln gemessen, je nach Alter 1,5–2 EL pro Tag
für Süßigkeiten	eine Handvoll

Milch

Was Sie über Lebensmittel
wissen sollten

Nun wissen Sie, welche Lebensmittelgruppen wichtig sind und wie oft und wie viel jeweils davon gegessen werden sollte. Was Sie bei der konkreten Auswahl berücksichtigen sollten, lesen Sie in diesem Kapitel. Im Rezeptteil ab → Seite 103 finden Sie jeweils passende Rezepte.

Getränke

Tagesmenge = 6 Portionen
1 Portion   = 1 Glas oder Becher
                (100–250 ml)

Wohlbefinden und Leistungsfähigkeit hängen wesentlich vom ausreichenden Trinken ab. Schon bei einer leichten Unterversorgung lässt das körperliche und geistige Leistungsvermögen nach.

Kleinkinder sollen 0,6 bis 1 Liter, Schulkinder 1 bis 1,5 Liter trinken. Diese Mengen können auf sechs Portionen aufgeteilt werden.

Wenn Ihr Kind von sich aus wenig trinkt, erinnern Sie es immer wieder daran bzw. bieten sie ihm direkt etwas an. Zu jeder Mahlzeit gehört ein Getränk aus der Kategorie „empfehlenswerte Durstlöscher": Trinkwasser, Mineralwasser mit oder ohne Kohlensäure, Kräuter- und Früchtetees ohne Zucker und Fruchtsaftschorlen bzw. verdünnte Obst- und Gemüsesäfte (1 Teil Saft und 3 Teile Wasser).

Vorsicht gilt bei:
- Limonaden, Cola- und Fruchtsaftgetränken sowie Fruchtnektaren. Sie enthalten viel Zucker und Zusatzstoffe und gehören in die Spitze der Ernährungspyramide.
- unverdünnten Obst- und Gemüsesäften oder Smoothies. Sie sollten lediglich ab

und zu eine der empfohlenen fünf Portionen Obst und Gemüse am Tag ersetzen.

- Milch, Milchmischgetränken und Kakao. Sie zählen wegen ihres hohen Energiegehalts eher als Zwischenmahlzeit und sind zum Durstlöschen nicht geeignet.

Grundsätzlich gut: Qualität von Trinkwasser

Trinkwasser ist unser wichtigstes Lebensmittel. Es muss so beschaffen sein, dass ein Mensch es ein Leben lang unbedenklich trinken kann: keimarm, farb- und geruchlos, kühl und geschmacklich einwandfrei. Damit es so aus dem Wasserhahn läuft, hat der Gesetzgeber in der Trinkwasserverordnung Grenzwerte für problematische Inhaltsstoffe festgelegt. In Ausnahmefällen kann es jedoch zu einer gesundheitlichen Gefährdung beim Trinkwasser kommen, die besonders für Säuglinge und Kleinkinder problematisch sein kann. Folgende Punkte sind zu beachten:

- Säuglinge, Kleinkinder und Schwangere sollten Wasser aus Bleirohren nicht trinken.

- In Neubauten mit neu verlegten Kupferrohren sollte das Wasser ca. ein Jahr lang nicht für die Zubereitung von Säuglingsnahrung verwendet werden.
- Bis zu dem gesetzlich festgelegten Nitrathöchstwert von 50 mg/l besteht keine Gefahr für Säuglinge. Liegt der Nitratwert darüber, sollten Sie auf spezielles Wasser mit der Kennzeichnung „geeignet für die Zubereitung von Säuglingsnahrung" ausweichen.
- Trinkwasser sollte immer frisch gezapft werden. Das gilt auch, wenn es anschließend in einem Wassersprudler mit Kohlensäure angereichert wird. Wassersprudler und die dazugehörigen Flaschen sollten Sie regelmäßig reinigen.

Weitere Informationen finden Sie in unserem Ratgeber „Gesunde Ernährung von Anfang an" oder auch unter www.verbraucherzentrale.nrw/Trinkwasser.

→ TIPP

Mischen Sie normale Säfte im Verhältnis von 1 Teil Saft zu 3 Teilen Wasser. So sparen Sie auch Geld.

„Sind mit Süßstoff gesüßte Getränke eine Alternative zu zuckerhaltigen Getränken?"

„Dürfen Kinder Cola trinken?"

Nein, diese „Lightgetränke" sind keine Alternative. Durch den Austausch des Zuckers gegen Süßstoffe sind zwar die Kalorien reduziert, aber die Gewöhnung an Süßes bleibt.
→ Seite 73 ff.

Würden Sie Ihrem Kind Kaffee anbieten? Nein? Dann haben Sie schon selbst die Antwort gegeben, denn Cola-Getränke enthalten ebenfalls Koffein und sind deshalb für Kinder ungeeignet. Unabhängig davon bietet Cola wenig Aufmunterndes: Wasser, Zucker (7 Stücke Würfelzucker pro 200 ml), Kohlensäure, Farbstoffe, Säuerungsmittel, Aromastoffe – keine Vitamine, keine Mineralstoffe.

Auch Cola light oder Diätcola ist keine Alternative, denn auch sie enthält Koffein. „Kinder-Cola" wiederum ist zwar koffeinfrei, weist aber den vollen Zuckergehalt auf.

Gemüse und Obst

Tagesmenge	**=**	**5 Portionen (fünfte Portion kann Gemüse- oder Fruchtsaft sein)**
1 Portion großstückig	**=**	**1 Handvoll**
1 Portion kleinstückig	**=**	**Beide Hände zur Schale geformt**

Kaum eine Lebensmittelgruppe bietet eine so bunte Vielfalt wie Gemüse und Obst. Bei der Auswahl orientieren Sie sich am besten am jahreszeitlichen Angebot. Denn Treibhausgemüse enthält meist mehr Nitrat als Freilandgemüse und benötigt bei seiner Erzeugung zusätzliche Energie. Bevorzugen Sie Produkte aus dem regionalen und saisonalen Angebot. Wann es was gibt und aus welchem Anbau sehen Sie hier: www.verbraucherzentrale.nrw/saisonkalender-obst-und-gemuese.

Gemüse

Gemüse ist kalorienarm, reich an Vitaminen, Mineral- und Ballaststoffen und an sekundären Pflanzenstoffen. Es sollte möglichst frisch sein und die Hälfte der Tagesportion sollte roh verzehrt werden.

Tiefkühlgemüse kann, wenn das Angebot gerade nicht so üppig ist, eine Alternative zu frischem sein. Dann sollte es aber möglichst frei von weiteren Zusätzen wie Gewürzen, Sahne oder Butter sein. Nicht empfehlenswert ist Konservengemüse, da durch das Erhitzen in der Dose viele Vitamine verloren gehen.

„Kann ich mich auf die Begriffe „Bio“ und „Öko“ bei Lebensmitteln verlassen?“

Ja, denn die Bezeichnungen „Bio“ und „Öko“ sind lebensmittelrechtlich definiert. Alle Lebensmittel, die die Worte „Bio“ oder „Öko“ in ihrem Namen führen, müssen den Anforderungen der EU-Öko-Verordnung entsprechen. Diese Verordnung regelt sowohl die Mindeststandards für die Erzeugung und Verarbeitung aller Öko-Lebensmittel, als auch die Kennzeichnung und Kontrolle der Betriebe. Begriffe wie „umweltschonend“, „unbehandelt“ oder „ohne Chemie“ garantieren dies nicht.

„Sind Smoothies ein guter Ersatz für frisches Obst?"

Obst

Süß und saftig – das ist Obst. Mit seiner Buntheit und seinen vielfältigen Zubereitungsmöglichkeiten ist für jeden Kindergeschmack etwas dabei. Wenn Sie es in roher Form anbieten, liefert es wertvolle Vitamine, vor allem Vitamin C und Mineralstoffe. Es ist ideal als Ergänzung zum Frühstück, als Zwischenmahlzeit oder als Nachspeise. Eine Portion Trockenobst kann ab und zu ein Stück Obst ersetzen.

→ TIPP

Vermeiden Sie Obstkonserven, sie enthalten meist viel Zucker. Sie sollten nur für Ausnahmefälle im Vorratsschrank stehen. Kaufen Sie stattdessen saisonales Obst und Gemüse in Bioqualität.

Smoothies sind sogenannte Ganzfruchtgetränke. Im Gegensatz zum Fruchtsaft wird das Obst nicht ausgepresst, sondern die ganze Frucht fein püriert. Selbst hergestellte Smoothies können eine Alternative sein, wenn Ihr Kind nicht gern Obst isst. Pürieren Sie dafür Früchte, zum Beispiel Erdbeeren oder Bananen, mit Naturjoghurt oder etwas Milch und füllen Sie das Getränk in ein schönes Glas. Gekaufte Smoothies bestehen vorrangig aus püriertem Obst, Säften oder Konzentraten. Da es für die Zusammensetzung von Smoothies keine Vorschriften gibt, lässt sich die Qualität nur anhand der Zutatenliste erkennen. Achten Sie beim Kauf von Smoothies darauf, dass sie nicht hauptsächlich aus preiswerterem Saft bestehen, den man dann teuer bezahlt, und darauf, dass sie keinerlei Zusatzstoffe und Zucker enthalten.

 EXKURS

Im Trend: Süßkartoffeln

Süßkartoffeln werden auch Bataten genannt und stammen ursprünglich aus Südamerika. Das größte Anbauland ist zurzeit China. In Europa bieten nur Italien, Portugal und Spanien die erforderlichen warmen Temperaturen. Die Knollen sind reich an Mineralstoffen und vor allem an Vitamin A. Sie sind wie Kartoffeln vielseitig verwendbar, schmecken zum Beispiel gebacken, gekocht oder gebraten und passen gut zu herzhaften Salaten und Dips oder in pürierte Suppen. Erste Anbauversuche gibt es bereits in Deutschland, aber vorerst legen die Knollen weite Transportwege zurück und sind kein regionales Lebensmittel. Trotzdem kann man die Auswahl ab und zu mit einer Süßkartoffel ergänzen.

Getreide, Brot, Kartoffeln, Hülsenfrüchte

Tagesmenge	=	**4 Portionen**
1 Portion Getreide	=	**Beide Hände zur**
oder Beilagen		**Schale geformt**
1 Portion Brot	=	**1 Scheibe in der**
		Größe der Hand-
		fläche

Getreide und Getreideprodukte

Die Auswahl an Getreide und Getreideprodukten – auch aus dem vollen Korn – ist groß: Brot, Brötchen, Müsli, Nudeln, Reis. Auch Hirse oder Grünkern schmecken lecker und bereichern den Speiseplan. Kinder essen Vollkornprodukte gern, wenn sie zum Beispiel als Pfannkuchen, Müsli oder Vollkornbrötchen mit Rosinen, Sesam oder Sonnenblumenkernen angeboten werden. Vollkornkuchen findet dann begeisterten Anklang, wenn Sie ihn mit viel Obst oder Quark zubereiten (Rezepte ab → Seite 107).

Wir empfehlen Brot und Brötchen aus Vollkornmehl. Hergestellt aus fein gemahlenem Vollkorn, mit geschroteten oder ganzen Körnern, mit Samen und Nüssen – für jeden Geschmack kann etwas dabei sein. Leider gibt es die nicht überall. Wenn Sie eine Vollkornbäckerei oder einen Bioladen in der Nähe haben, sind Sie gut versorgt. In anderen Bäckereien sollten Sie gezielt nachfragen. Mehl aus dem vollen Korn wird unter der Bezeichnung „Vollkornmehl" angeboten. Eine Typenbezeichnung wie bei hellem Mehl (Type 405) ist nicht vorgeschrieben. Vollkornbrot und -brötchen müssen zu 90 Prozent aus Vollkornmehl oder -schrot hergestellt werden.

Vollkorngetreideflocken, einzeln oder in Müslimischungen, sind ebenfalls eine Möglichkeit, Getreide bei den Mahlzeiten zu berücksichtigen. Bei Müslimischungen sollten Sie beachten, dass sie ohne Zuckerzusatz sind.

ACHTUNG

Brote oder Brötchen mit Bezeichnungen wie „Mehrkornbrot oder -brötchen" sind in der Regel keine Vollkornbackwaren, sondern herkömmliche Mischbrote aus hellem Mehl mit geringen Körneranteilen. Eine dunklere Farbe ist ebenfalls kein Merkmal für ein Brot aus dem vollen Korn. Sie entsteht oftmals durch Zusetzen von Malzextrakten. Wenn Sie es genau wissen möchten, fragen Sie in der Bäckerei explizit nach Vollkornprodukten oder einem Zutatenverzeichnis.

Ernährung. Quinoa enthält wertvolle Fette und bei Amaranth ist das enthaltene Eiweiß hochwertig. Beide Pseudogetreide bereichern die Vielfalt auf unserem Speiseplan neben den bekannten Getreidearten wie Weizen, Dinkel, Roggen, Hafer, Hirse und Reis.

> „Wann kann ich anfangen, meinem Kind Vollkörniges anzubieten?"

Richtig einordnen: Pseudogetreide

Amaranth und Quinoa sind bei uns mittlerweile recht beliebt. Sie werden botanisch den Pseudogetreiden zugeordnet, da sie nicht zur gleichen Pflanzenfamilie gehören wie andere Getreidearten. Aufgrund ihres Mineralstoffgehaltes und des hohen Eiweißgehaltes werden sie häufig auch als Superfood bezeichnet, doch auch sie können keine Wunder bewirken, denn dazu braucht man mehr als ein einzelnes Lebensmittel, nämlich eine insgesamt ausgewogene und abwechslungsreiche

Wenn die Backenzähne da sind und Ihr Kind gut kauen kann. Die Körner sollten nicht zu grob sein. Ein guter Einstieg ist zum Beispiel Vollkornmehl oder feineres Schrot für Bratlinge. Manche Kinder müssen sich erst an die dunklere Farbe, den etwas anderen Geschmack und die festere Konsistenz gewöhnen. Bieten Sie Vollkornprodukte erst in kleinen Portionen an und steigern Sie die Menge langsam.

Kartoffeln

Frisch zubereitete Kartoffeln, gegart als Pell-kartoffeln oder verarbeitet zu Püree, bringen Abwechslung in die warmen Mahlzeiten. Sie sind die Basis für zahlreiche Rezepte, die schnell oder auch aufwendig zubereitet werden. Fettreiche Varianten wie Pommes fri-tes, Kroketten oder Reibekuchen sollten sel-tener auf dem Speiseplan stehen. Nicht emp-fehlenswert sind Trockenprodukte wie zum Beispiel Püree- und Kloßpulver. Sie weisen nicht mehr den ursprünglichen Nährstoff-gehalt auf, sind jedoch darüber hinaus mit einer Reihe weiterer Zutaten und Zusatz-stoffe versehen.

 EXKURS

Acrylamidgehalt in Pommes frites

Acrylamid entsteht beim Erhitzen und Bräunen von Lebensmitteln, vor allem wenn Kartoffel- und Getreideprodukte frit-tiert, gebacken oder gebraten werden – egal, ob bei der industriellen oder der häuslichen Zubereitung. Aus Tierversu-chen ist bekannt, dass hohe Acrylamid-mengen Nerven und Erbgut schädigen können. Für den Menschen wird es als wahrscheinlich erbgutschädigend und krebserregend eingestuft.
Pommes frites gehören ebenso wie Chips und Bratkartoffeln zu den Lebensmitteln, die bei der Zubereitung Acrylamid bilden können.

Um den Acrylamidgehalt möglichst gering zu halten, sollte die Temperatur in der Frit-teuse nicht über 175 °C und im Backofen nicht über 180 °C Umluft und 200 °C Ober-/Unterhitze liegen. Der Bräunungs-grad sollte maximal goldgelb sein. Je dunkler die Pommes sind, desto mehr Acrylamid enthalten sie. Besser ist es au-ßerdem, dicke statt dünne Pommes frites zuzubereiten. Denn Acrylamid bildet sich an der Außenfläche: Je größer die Oberflä-che im Verhältnis zum gesamten Lebens-mittel ist, desto mehr Acrylamid kann ent-stehen. Wenn Sie Backpapier oder eine Dauerbackfolie verwenden, sind die Acrylamidwerte niedriger, weil die Kon-taktbräune geringer ist.

„Kleine Kinder sollten nur geschälte Kartoffeln essen."

JUTTA KUHLES ist Vizepräsidentin des Rheinischen LandFrauenverbandes e.V. und u.a. für die Themen Ernährung und Hauswirtschaft zuständig.

Sind rohe Kartoffeln schädlich?

Nein, der Verzehr roher Kartoffeln ist unbedenklich, wenn die Knollen geschält sind und keine grünen Stellen oder Keime vorhanden sind. Übermäßiger Verzehr roher Kartoffeln kann jedoch aufgrund der unverdaulichen rohen Stärke zu Verdauungsbeschwerden führen. Daher ist er für Kinder auch nicht empfehlenswert. Beim Kochen verkleistert die Stärke und wird dadurch verträglich.

Grüne Stellen an Kartoffeln – kann man die mitessen?

Nein, die grünen Stellen sollten Sie nicht mitessen. Sie weisen darauf hin, dass dort eine erhöhte Konzentration des Bitterstoffes Solanin vorliegt. Solanin ist hitzebeständig und wird erst bei Temperaturen oberhalb von 240–250 °C zerstört. Das ist eine Temperatur, die bei haushaltsüblichen Kochverfahren nicht erreicht wird. Grüne Stellen müssen in jedem Fall entfernt werden. Auch in der Kartoffelschale ist Solanin enthalten.

Daher sollten kleine Kinder nur geschälte Kartoffeln essen. Um die Bildung von Solanin zu vermeiden, müssen Sie bei der Lagerung von Kartoffeln einiges beachten: Möglichst dunkel, frostfrei und trocken in einem kühlen Raum. Kaufen Sie, wenn möglich, regionale Kartoffeln. Die gibt es zum Teil im Supermarkt, aber auf jeden Fall auf dem Wochenmarkt oder beim Bauern. Dort können Sie auch Lagerungs- und Zubereitungsmethoden der vielfältigen, heimischen Kartoffelsorten erfragen.

Hülsenfrüchte

Auch Hülsenfrüchte zählen im weitesten Sinne zum Gemüse. Zu ihnen gehören zum Beispiel die getrockneten Samen von Bohnen, Erbsen, Linsen und Kichererbsen. Sie sind wichtige Lieferanten von hochwertigem Eiweiß, Ballaststoffen, Eisen, Folat und Vitamin B1. Insbesondere bei einer vegetarischen Ernährung sind sie in Kombination mit Getreide wichtige Lebensmittel für die Versorgung mit Eiweiß.

Das Angebot an Hülsenfrüchten ist vielfältig: gelbe und grüne Erbsen, weiße, schwarze und rote Bohnen, Augenbohnen, grüne, braune, schwarze und rote Linsen. Zur Verbesserung der Verdaulichkeit empfiehlt es sich, gut zu kauen und ausreichend zu trinken. Durch die Kombination mit Vitamin-C-reichem Gemüse (zum Beispiel Paprika, Brokkoli) wird die Verfügbarkeit des Eisens verbessert. Dies ist von besonderer Bedeutung für Vegetarier.

Hülsenfrüchte sind vielfach verwendbar. Sie eignen sich zum Keimen (Keimlinge vor dem Essen blanchieren), für Eintöpfe, Aufläufe, als Salatzutat und Bratling-Grundlage. In Form von Mehl lassen sich Linsen oder Kichererbsen in Teige für Pfannkuchen, Pizza und Puffer einarbeiten oder als Dip zubereiten. Für Kinder, die zu Blähungen neigen, sollten Eintöpfe und andere Gerichte mit einer kleineren Menge Hülsenfrüchte und mit mehr Gemüse und Kartoffeln zubereitet werden. Linsen werden häufig besser vertragen als andere Hülsenfrüchte und sind beispielsweise als Linsensuppe ein beliebtes Kindergericht (Rezept → Seite 135).

Milch und Milchprodukte

Tagesmenge	**=**	**3 Portionen Milch, Milchprodukte, Käse**
1 Portion Milch	**=**	**1 Glas oder Becher (100 bis 150 ml)**
1 Portion Käse	**=**	**1 Scheibe von Handtellergröße**

Milch und Milchprodukte sind die wichtigsten Kalziumquellen und liefern wertvolles Eiweiß, aber auch Fett. Beim Blick in das Kühlregal eines Supermarkts wird deutlich: Das Angebot ist riesig, deswegen kommt es darauf an, Bescheid zu wissen. Joghurt, Quark, Buttermilch und Dickmilch, naturbelassen und ohne weitere Zusätze, sind eine gute Wahl. Für die Kinderernährung sind fettarme Varianten mit 1,5 Prozent Fettgehalt empfehlenswert. Sie können diese Milchprodukte leicht mit Obst oder Kräutern aufpeppen. Kindermilchprodukte mit Knusperstückchen und bunten Perlen enthalten meist viel Zucker und sind daher als Süßigkeit zu werten. Sie sollten die Ausnahme bleiben und nicht täglich auf den Tisch kommen.

 EXKURS

Kleine Milchkunde

Milch ist nicht gleich Milch! Sie können wählen zwischen:

- Frischmilch mit dem Zusatz „traditionell hergestellt": Dies ist eine Milch, die nach dem klassischen Pasteurisierungsverfahren (kurzes Erhitzen bei mindestens 72 °C) haltbar gemacht wurde. Dadurch wird sie vor schnellem Verderb geschützt, es gehen nur wenige Nährstoffe verloren und der frische Geschmack bleibt erhalten.
- Frischmilch mit dem Zusatz „länger haltbar": Diese auch als ESL-Milch bezeichnete Sorte verdankt ihren Namen dem „extended shelf life" – also dem längeren Leben im Kühlregal.

Zwei unterschiedliche Verfahren sorgen dafür, dass diese Milch auch nach vier Wochen noch nicht sauer ist. Entweder wird sie für wenige Sekunden auf bis zu 127 °C erhitzt (Nachteil ist ein leichter Kochgeschmack, den viele von der H-Milch kennen), oder die Molkereien sieben mit mikrofeinen Filtern die Bakterien aus. Anschließend wird die Milch, wie bei Frischmilch üblich, pasteurisiert.

- H-Milch: Die ultrahocherhitzte Milch kann wochenlang ohne Kühlung aufbewahrt werden und ist für die Vorratshaltung geeignet. Empfindliche Gaumen schmecken einen Kochgeschmack heraus.

Mit täglich einem viertel bis einem halben Liter Milch oder Milchprodukten und einer Portion Käse leisten Sie schon einen wesentlichen Beitrag für eine optimale Kalziumversorgung. Bei der Auswahl der Käsesorten sollten Sie die mit einem mittleren Fettgehalt von bis zu 45 Prozent Fett i. Tr. nehmen.

Ein Glas Milch (200 ml mit 1,5 Prozent Fett) enthält ca. 100 Kilokalorien. Aus diesem Grund sollte Milch als nahrhaftes Lebensmittel und nicht als Getränk betrachtet werden.

Übrigens: Sahne ist zwar ein Milchprodukt, gehört aber aufgrund des hohen Fettgehalts in die Spitze der Ernährungspyramide.

 ACHTUNG

Rohmilch, die nicht erhitzt wurde, ist für Kinder ungeeignet, da sie Erreger von Lebensmittelinfektionen enthalten kann. Unbedingt vorher abkochen!

> **„Mein Kind mag keine Milch. Fehlen ihm dann Nährstoffe?"**

Milch und Milchprodukte sind gute Kalziumlieferanten. Neben Milch enthalten aber auch Käse, Joghurt und Quark diesen Mineralstoff. Ein Kakao kann eine Alternative sein, wenn Ihr Kind Milch und Co. ablehnt. Achten Sie aber auf den Zuckergehalt. Ein Teelöffel Instantkakao enthält vier Gramm Zucker (= ca. 1,5 Zuckerwürfel). Besser ist selbst gekochter Kakao mit reinem Kakaopulver und weniger Zucker.

Oder vielleicht schmecken Ihrem Kind auch selbst hergestellte Milchmischgetränke, zum Beispiel mit frischen Beeren oder Bananen. Aber die mit Fruchtgeschmack angebotenen fertigen Milchmischgetränke oder Instantpulver sind ebenfalls zuckerreich.

Fleisch, Fisch, Eier

Tagesmenge	=	1 Portion Fleisch, Fisch oder Ei
(Wöchentlich	=	3 x Fleisch, 1 x Fisch und 1–3 Eier)
1 Portion	=	1 Stück von Handtellergröße

Diese Lebensmittelgruppe ist bei Kindern oft sehr beliebt und kann einen wertvollen Beitrag zur Versorgung mit hochwertigem Eiweiß, wichtigen Mineralstoffen wie Eisen (Fleisch) und Jod (Fisch) und B-Vitaminen leisten. Wählen Sie fettarme Fleisch- und Wurstsorten aus.

Fleisch

Fettarme Fleischmahlzeiten sind möglich, wenn Sie sich für fettarmes Muskelfleisch und fettarme Wurstwaren entscheiden. Infrage kommen Rind-, Schweine- und Geflügelfleisch.

Fettarme Wurstwaren wie zum Beispiel Geflügelwurst oder Schinken können alternativ zu Käse oder pflanzlichen Aufstrichen als Brotbelag eingeplant werden.

→ TIPP
Wenn Kinder fettreiche Streichwurst lieben, lassen Sie das Streichfett (Butter, Margarine) weg.

Doch der gesundheitliche Wert von Fleisch ist nicht alles. Kaufen Sie möglichst Fleisch aus verbesserter Tierhaltung, das Sie beispielsweise am Tierschutzlabel des Deutschen Tierschutzbunds, dem EU-Bio-Logo oder dem sechseckigen Bio-Siegel erkennen können. Damit leisten Sie einen Beitrag zum Tier- und Umweltschutz.

Seltener Fleisch zu essen, dafür aber besseres, artgerecht erzeugtes, passt zu unserer Empfehlung von zwei bis drei Fleischmahlzeiten pro Woche. Dabei ist das Fleisch eher als Beilage zu Gemüse und Kartoffeln gedacht, nicht umgekehrt. Unterm Strich muss eine solche Mahlzeit dann nicht teurer sein.

Fisch

Fisch, besonders Seefisch, ist reich an Eiweiß und Jod. Kein anderes Lebensmittel liefert solche Mengen an Jod. Je nach Fettgehalt kommen noch fettlösliche Vitamine (A und D) und die wertvollen Omega-3-Fettsäuren hinzu. Außerdem ist Fisch leichter verdaulich als Fleisch. Deshalb sollte einmal pro Woche Seefisch auf dem Speiseplan stehen. Fettarm ist zum Beispiel Seelachs. Fettreich dagegen sind Makrele, Lachs und Hering - sie enthalten reichlich Omega-3-Fettsäuren, die das Herz-Kreislauf-System schützen.

Fisch wird u.a. frisch oder als Tiefkühlware angeboten.

 EXKURS

Nachhaltigkeit beim Fischeinkauf

Zum nachhaltigen Fischeinkauf können Sie sich am WWF-Fischratgeber orientieren, www.wwf.de. Er führt die Kategorien die „gute Wahl", „zweite Wahl" und „lieber nicht". Wenn Sie diese berücksichtigen, tragen Sie dazu bei, Meere und Fischbestände zu schonen.

Außerdem können Sie auf Bio- und Umweltzeichen achten. Bei Zuchtfischen handelt es sich um die Siegel von Bioland,

Naturland und ASC (Aquaculture Stewardship Council). Das MSC (Marine Stewardship Council) wirbt mit nachhaltiger Fischerei von Fischen und Meeresfrüchten.

„Mein Kind liebt Fischstäbchen – sind die nicht ungesund?"

Entgegen der vielfach existierenden Meinung stecken in den goldbraunen Stäbchen weder Fischabfälle noch minderwertiger Fisch. Fischstäbchen werden meist aus Alaska-Seelachs oder Seelachs hergestellt. Die Panade macht allerdings im Schnitt ein gutes Drittel des Fischstäbchens aus. Sie saugt sich beim Braten mit Fett voll. Fünf Fischstäbchen aus der Pfanne bringen im Schnitt 17 Gramm Fett auf den Teller. Das sind fast 80 Prozent der Fettmenge, die Kinder bei einer Hauptmahlzeit höchstens essen sollten. Backen Sie Fischstäbchen stattdessen im Ofen. Wenn Sie insgesamt nur wenig Speisen paniert zubereiten und die Fischstäbchen nur ab und zu und zum Beispiel mit frischem Kartoffelpüree anbieten, ist das in Ordnung.

Eier

Eier sind vor allem aufgrund des Eigelbs ein Nährstoffspeicher. Neben Fett, Vitamin D und Eisen enthalten sie auch Cholesterin, welches aber kaum einen Einfluss auf die Höhe des Cholesterins im Blut hat. Ein bis drei Eier pro Woche sind ausreichend. Sie können als Eierspeisen, zum Beispiel Rührei oder Spiegelei gereicht, oder in Speisen wie Kuchen, Pfannkuchen oder Aufläufen verarbeitet werden.

> **! ACHTUNG**
>
> Rohe Eier in Desserts oder Mayonnaise sind für Kinder nicht geeignet. Das Risiko einer Salmonelleninfektion ist zu groß. Verzichten Sie daher auf entsprechende Rezepte. Weitere Informationen zum Thema Hygiene bei der Zubereitung von Mahlzeiten finden Sie ab → Seite 95 ff.

Speisefette und Speiseöle

Tagesmenge   =   1,5 bis 2 Portionen
1 Portion   =   1 Esslöffel

Speisefette und -öle sind wichtig für die Versorgung mit wichtigen Fettsäuren und Vitaminen. In erster Linie sind sie aber Energielieferanten. Daher gilt die Devise: Setzen Sie Speisefette grundsätzlich sparsam ein.

Als Streichfette kommen Butter oder Margarine mit ungehärteten Fetten infrage. Bei der Fetthärtung gehen wertvolle mehrfach ungesättigte Fettsäuren verloren. Eine Margarine mit gehärteten Fetten erkennen Sie an einem entsprechenden Hinweis in der Zutatenliste, zum Beispiel „ganz gehärtet" oder „teilweise gehärtet"

Zum Kochen und Backen können Sie ebenfalls Butter oder Margarine verwenden. Zum Kurzbraten eignen sich Pflanzenöle, unter anderem Raps- und Olivenöl. Rapsöl ist besonders empfehlenswert, da es ein ausgewogenes Verhältnis wichtiger Fettsäuren aufweist. Ergänzt werden kann mit Soja- und Walnussöl. Je nach Herstellungsverfahren (raffiniert oder kalt gepresst) eignen sich die Öle für die verschiedenen Zubereitungsarten. Kalt gepresste Öle werden hauptsächlich in der kalten Küche für Salate verwendet, raffinierte zum Backen und Braten.

Auch Sahne und Mayonnaise enthalten sehr viel Fett und sollten daher nur zum Verfeinern von Speisen eingesetzt werden.

Süßigkeiten und Snacks

Tagesmenge   =   1 Portion
1 Portion   =   1 Handvoll

Naschen ist erlaubt, in kleinen Mengen und nicht ständig über den Tag verteilt. Einmal am Tag ist eine Portion solcher Extras gestattet. Dazu zählen Kuchen, Süßigkeiten, fettreiches Kleingebäck wie Croissants und salzige Knabbereien wie Chips und Pommes frites, aber auch Süßgetränke wie Limonaden und Cola. Da Süßes eine wichtige Rolle für Kinder spielt, haben wir diesem Thema ein ganzes Kapitel eingeräumt. Mehr dazu finden Sie ab → Seite 73 ff.

Eine schnelle Orientierung, welche Lebensmittelmengen für Kinder in den unterschiedlichen Altersstufen empfohlen sind, zeigt die folgende Tabelle.

Lebensmittelmengen für Kinder

ALTER	1–3	4–6	7–9	10–12	13–14 JAHRE W	M
Gesamtenergie kcal/Tag	1.150	1.350	1.600	1.800	1.900	2.300
reichlich						
Getränke ml/Tag	600	750	850	950	1.000	1.200
Gemüse g/Tag	190	230	270	300	320	390
Obst g/Tag	180	210	250	280	300	360
Kartoffeln, Nudeln, Reis g/Tag	100	120	140	160	170	200
Brot, Getreide-(flocken) g/Tag	110	130	160	180	190	230
mäßig						
Milch(produkte) ml (g)/Tag	300	350	420	470	490	600
Fleisch, Wurst g/Tag	30	35	40	50	50	60
Eier St./Woche	1–2	2	2–3	2–3	3	3
Fisch g/Woche	60	70	80	90	100	110
sparsam						
Öl, Margarine, Butter g/Tag	20	20	25	30	30	35
Die Weltgesundheitsorganisation (WHO) empfiehlt, nicht mehr als 10 % der Gesamtenergie über Süßwaren, Knabberartikel und gesüßte Getränke aufzunehmen:						
Süßwaren, Knabberartikel und gesüßte Getränke max. kcal/Tag	115	135	160	180	200	230

w = weiblich, m = männlich, St. = Stück, 100 ml Milch entspr. 15 g Schnittkäse oder 30 g Weichkäse

Quelle: Kersting/Kalhoff/Luecke, Von Nährstoffen zu Lebensmitteln und Mahlzeiten: Das Konzept der Optimierten Mischkost für Kinder, Aktuelle Ernährungsmedizin, 42 (2017), S. 304 ff.

Exkurs: Lebensmittelunverträglichkeiten

So manches Bauchweh oder die Pusteln auf der Haut werden allzu voreilig auf eine Unverträglichkeit geschoben. Bevor Sie den Speiseplan zu Hause einschränken, lassen Sie sich von Ihrem Kinderarzt beraten und klären Sie, um was es sich handelt und wie Sie weiter vorgehen. Die wichtigsten Unverträglichkeiten im Überblick:

Zöliakie

Bei der Zöliakie verursacht Gluten, ein Eiweißbestandteil vieler verschiedener Getreidesorten, Beschwerden wie chronische Bauchschmerzen, Durchfälle und Blähungen. Gluten ist zum Beispiel in Weizen, Roggen oder Gerste enthalten. Bei ca. 1 Prozent der Bevölkerung, die von der Autoimmunerkrankung Zöliakie betroffen sind, löst Gluten entsprechende Beschwerden aus. Eine sichere Diagnose kann nur ein Arzt nach Bluttests und einer Dünndarmuntersuchung stellen. Ernährt man sich konsequent glutenfrei, erholt sich der Darm und die Beschwerden verschwinden. Weitere Informationen dazu bietet die Deutsche Zöliakie Gesellschaft e.V., www.dzg-online.de.

Glutensensitivität

Fachleute sind sich heute darüber einig, dass es neben der Zöliakie auch eine sogenannte Glutenempfindlichkeit gibt, die Probleme im Darm macht, aber keinesfalls mit Zöliakie gleichzusetzen ist. Die Mechanismen dieser Störung sind noch nicht geklärt, aber man weiß, dass diese Empfindlichkeit sich nicht in Form von Antikörpern im Blut zeigt, wie es bei der Zöliakie zum Beispiel der Fall ist. Auch muss man nicht lebenslang auf glutenhaltiges Getreide verzichten, sondern sollte die eigene Verträglichkeit selbst austesten. Wichtig ist in jedem Fall die Diagnose eines Arztes als Grundlage für die weitere Vorgehensweise.

Laktoseunverträglichkeit

Milchzucker in Milch und Milchprodukten ist bei einer Laktoseunverträglichkeit der Auslöser von Beschwerden, die vier bis zehn Stunden nach dem Essen auftreten. Ein Enzym zur Aufspaltung des Milchzuckers fehlt im Dünndarm, sodass der Milchzucker bis in den Dickdarm gelangt und dort eine gute Nahrung für Bakterien ist, die mit ihren Abbauprodukten einen Einfluss auf die Darmflora haben. Mit dem „Atemtest" kann ein Arzt diese Unverträglichkeit feststellen. Auch bei der Laktoseunverträglichkeit sollten Sie nicht auf bloßen Verdacht hin Milch und Milchprodukte weglassen, sondern eine genaue Diagnose des Kinderarztes abwarten.

Milcheiweißallergie

Eine Allergie gegenüber dem in Milch enthaltenen Eiweiß kommt verstärkt in den ersten Lebensjahren vor und verliert sich häufig bis zum vierten Geburtstag. Hierbei handelt es sich um eine echte Allergie, bei der das Immunsystem auf ein oder mehrere Eiweiße aus der Kuhmilch reagiert. Diese Reaktion kann der Kinderarzt im Blut feststellen. Die Symptome reichen von Beschwerden im Darm über Husten, Schnupfen und Asthma bis zu Hautrötungen und Juckreiz. Da die Allergie sich auf ein oder mehrere Eiweiße der Kuhmilch beziehen kann, ist die Verträglichkeit der Milch und Milchprodukte auch sehr unterschiedlich. Manche Eiweiße verändern sich durch Erhitzen oder durch das Einwirken von Milchsäurebakterien, wie das bei der Käseherstellung der Fall ist. Andere bleiben beim Erhitzen stabil und wirken unverändert allergieauslösend. Daher ist die Verträglichkeit in kleinen Mengen auch hier auszutesten.

Fruktoseunverträglichkeit

In vielen Früchten und auch in Gemüse sorgt die enthaltene Fruktose für Süße. Fruktose ist ein Einfachzucker, der auch Bestandteil des Haushaltszuckers ist. Bei einer gestörten Verwertung von Fruktose kann es sich einerseits um eine erbliche Stoffwechselstörung (hereditäre Fruktoseintoleranz) oder um eine vorübergehende Verwertungsstö-

rung handeln. Bauchschmerzen, Blähungen und häufiger Stuhlgang sind typische Beschwerden. Auch diese Diagnose muss der Kinderarzt stellen. Bei einer Fruktoseintoleranz muss vollständig auf Fruktose verzichtet werden während bei der vorübergehenden Fruktoseunverträglichkeit eine Diät mit Anleitung durch eine qualifizierte Ernährungsfachkraft oder den Kinderarzt Besserung bringt und Fruktose wieder vertragen wird. Häufig liegt der vorübergehenden Fruktoseunverträglichkeit ein hoher Fruchtzuckerverzehr zugrunde. Fruchtzucker wird zum Beispiel in Softgetränken eingesetzt und findet sich ansonsten in Obst, Säften und Trockenfrüchten.

→ TIPP

Machen Sie mit Ihrem Kind keine Diät ohne eine sichere Diagnose! Fragen Sie bei Beschwerden Ihres Kindes oder bei einem Verdacht auf eine Allergie oder Unverträglichkeit zunächst den Kinderarzt, bevor Sie unnötig Lebensmittel aus Ihrem Haushalt verbannen. Sollte es sich nachweislich um eine Allergie oder Unverträglichkeit handeln, können Sie sich auch an den Deutschen Allergie- und Asthmabund wenden, www. daab.de.

Die Verteilung der Mahlzeiten über den Tag

Genauso wichtig wie das Was und Wieviel ist beim Essen das Wann, sprich: die Verteilung der Mahlzeiten über den Tag. Der kindliche Stoffwechsel ist in der Regel vormittags am aktivsten und benötigt entsprechende Unterstützung durch die Nahrung. Die Faustregel für die Verteilung lautet: ein Drittel am Morgen und am Vormittag, ein Drittel mittags, der Rest am Nachmittag und Abend. Dies entspricht fünf Mahlzeiten.

Die einzelnen Mahlzeiten beeinflussen durchaus die Konzentration und Leistungsfähigkeit von Kindern und Erwachsenen. Ein Müsli zum Frühstück oder ein Vollkornbrot mit Käse, dazu etwas Obst oder Gemüse als Pausenverpflegung können Aufmerksamkeit, Erinnerungs- und Reaktionsvermögen sowie die Konzentration kurzfristig steigern. Grundsätzlich gilt: Mehrere kleine Mahlzeiten über den Tag verteilt belasten die Verdauung nicht so sehr, der Körper wird gleichmäßig mit Nährstoffen versorgt, verbrauchte Energie wird zügig ersetzt, die Leistungsfähigkeit ist beständiger.

Die Unterschiede von Kind zu Kind werden schon beim Frühstück deutlich: Frühaufsteher sind bereits morgens voller Elan und hungrig, Langschläfern ist es noch viel zu früh für ein Frühstück. Bedenken Sie aber, dass für die meisten Kinder der Tag schon gegen 8 Uhr in der Kita oder der Schule beginnt.

→ TIPP

Kinder profitieren besonders von der Verteilung der Mahlzeiten auf den ganzen Tag. Planen Sie daher unbedingt Zwischenmahlzeiten ein.

Essen und Trinken mit Genuss

Essen und Trinken heißt weitaus mehr, als Körper und Geist „Treibstoff" zu liefern. Es dient auch dem seelischen Wohlbefinden, wenn es schmeckt und in angenehmer Atmosphäre mit Genuss gegessen und getrunken wird. Das gemeinsame Essen der Familie in einer entspannten Atmosphäre ist für die Entwicklung des Kindes und für seine Gesundheit sehr wichtig und sollte nicht unterschätzt werden. Wenn es auch nicht möglich ist, mehrere Male am Tag zusammen am Esstisch zu sitzen, so ist es auf jeden Fall gut, wenn Sie sich in der Familie auf eine gemeinsame Mahlzeit einigen.

Kinder essen, was appetitlich und lecker aussieht. Eine farbenfrohe Zusammenstellung der Mahlzeiten mit bunten Früchten und Gemüsearten ist wichtig. Kindern gefallen kleine, lustige Dinge, beispielsweise kleine Kartoffeln, kleine Gemüsestückchen, Sternchen- oder Schraubennudeln. Ebenso gut kommt eine nette Dekoration mit Kräutern, Obst- und Gemüsestückchen auf Suppen, Eintöpfen oder Soßen an. Auch ein hübsches Geschirr, Tischsets, Tischschmuck und Blumen können Lust aufs Essen machen.

Essen und Trinken lernen

Beim Essen kann gut die Selbstständigkeit der Kinder gefördert werden. Ihr natürlicher Drang, Erwachsene nachzuahmen, ist hier ausdrücklich erwünscht. Lassen Sie Ihr Kind selbst Kartoffeln, Gemüse oder Soße nehmen, umrühren, Kartoffeln zerdrücken oder das Brot schmieren. Bereits kleine Kinder lernen (mit liebevoller und geduldiger Unterstützung der Eltern und Geschwister), sich selbst zu bedienen.

Mit der Zeit kann das Kind auch am „Drumherum" der Mahlzeiten beteiligt werden – zum Beispiel bei der Zubereitung, beim Tischdecken oder beim Einkauf. Haben Sie einen eigenen Garten oder Balkon, helfen Kinder auch gerne beim Säen, Pflanzen oder Ernten. Entsprechende Angebote des Kindes sollten nicht ausgeschlagen werden. Der Mehraufwand für Sie zahlt sich später durch eine größere Selbstständigkeit Ihres Kindes aus.

Mehr Tipps wie Eltern das Essverhalten ihrer Kinder positiv beeinflussen können, finden Sie im Ratgeber „Mit Kindern essen", www.ratgeber-verbraucherzentrale.de.

„Sich am Tisch wohlzufühlen ist wichtig."

CLAUDIA THIENEL, Diplom-Oecotrophologin, ist Ernährungsberaterin mit eigener Praxis in Bonn und Expertin für Lebensmittelallergien, Lebensmittelunverträglichkeiten, Kinderernährung und Essstörungen. www.claudiathienel.de

Mein Kind mag nicht essen und mäkelt an allem rum. Was kann ich tun?
Gemeinsame Mahlzeiten sollten immer an einem Ort stattfinden, wo die Familie gerne zusammenkommt. Denn sich am Tisch wohlzufühlen ist wichtig. Dazu gehört eine entspannte Atmosphäre – Streitthemen und Belehrungen sind tabu. Eine abwechslungsreiche Tischdekoration, optisch ansprechende Speisen und verlockende Düfte sorgen dafür, dass alle sich wohlfühlen. Ihre Vorbildfunktion ist sehr wichtig. Zeigen Sie Ihrem Kind, dass Essen schmeckt und Freude bereitet. Das Einbeziehen Ihres Kindes in die Herstellung der Speisen trägt ebenfalls dazu bei, dass das Kind diese besser akzeptiert. Umrühren, Pizza belegen, Gemüserohkost schneiden usw. Fragen Sie auch genau nach, warum Ihr Kind manche Speisen nicht mag. Vielleicht liegen die Kartoffeln nur zu nah an der Soße? Manches können Sie sehr einfach ändern.

Mein Sohn mag kein rotes Gemüse, meine Tochter kein Grünes, mein Partner liebt Fleisch, ich ziehe Fisch vor. Es gibt häufig Streit. Wie kann ich das vermeiden?
Es ist nicht ungewöhnlich, dass Kinder phasenweise ein besonderes Essverhalten aufweisen und zum Beispiel nur rotes Gemüse wollen. Das gehört zur Entwicklung des Essverhaltens dazu. Sinnvoll für die Planung der Mahlzeiten ist es, einen Familienrat einzuberufen: Welche Mahlzeiten gibt es in dieser Woche, die ohne Fleisch sind und allen schmecken, soll Gemüse immer in einer Extra-Schüssel angeboten werden und darf jeder sich an einem Tag der Woche aussuchen, was es gibt? Beteiligen Sie Ihren Partner und Ihre Kinder am Einkauf und an der Auswahl und Zubereitung der Speisen. Akzeptieren Sie, wenn Familienmitglieder nichts oder nur kleine Mengen essen möchten oder nur bestimmte Komponenten auswählen. Überredungskünste oder Belohnungen einzusetzen, ist nicht sinnvoll. Bleiben Sie geduldig!

Fünf Mahlzeiten

Betrachten Sie gemeinsame Mahlzeiten als gute Gelegenheit für das Gespräch und den Austausch in der Familie. Sie fördern die Esskultur und das soziale Miteinander. Selbst die schmackhafteste und gesündeste Speise kann nur mit Genuss gegessen werden, wenn die Atmosphäre stimmt. Ein ansprechend gedeckter Tisch, ausreichend Zeit und Platz sowie das Einhalten bestimmter Essregeln machen Ihre gemeinsamen Mahlzeiten zu einem schönen Erlebnis, bei dem alle gerne dabei sind.

→ TIPP

Entwickeln Sie für Ihre Situation passende Rituale für die Mahlzeiten, zum Beispiel einen Reim zu Beginn oder einander die Hände reichen und einen guten Appetit wünschen. Führen Sie Gespräche über schwierige Themen, die öfter zu Streit führen, besser erst nach dem Essen.

Das 1. Frühstück zu Hause

In vielen Familien wird morgens auf die Schnelle gefrühstückt. Manche essen gar nichts, weil noch kein Appetit da ist oder sie zu spät aufgestanden sind. Die Kinder übernehmen oft das Verhalten ihrer Eltern und verlassen das Haus ohne Frühstück und Pausenbrot. Manche greifen auf süße Frühstücksprodukte wie Cornflakes, Weizenpops und Co. zurück (→ Seite 77). Mit einem guten Angebot fürs Frühstück lässt sich das vermeiden.

Geeignete Lebensmittel für das 1. Frühstück sind:

- Brot, Brötchen und Knäckebrot aus Vollkorn
- Butter, Margarine oder Nussmus
- Belag wie Käse, Aufschnitt oder auch Konfitüre
- Müsli (Rezept → Seite 122 f.) oder Milchshake mit Haferflocken und Früchten
- Joghurt, Quark, Milch oder Kakao
- saisonales Obst, zum Beispiel Apfel, Banane, Birne oder Mandarine
- vegetarischer Aufstrich, Gemüserohkost
- Getränke wie Früchte- und Kräutertee, verdünnte Obst- und Gemüsesäfte, Trink- oder Mineralwasser

Wenn Sie sich aus den oben genannten Zutaten das Richtige für sich und Ihre Kinder ausgesucht haben, brauchen Sie nur noch rechtzeitig aufzustehen, damit Sie das Frühstück in Ruhe genießen können.

→ **TIPP**

Alleine macht frühstücken keinen Spaß. Leisten Sie Ihrem Kind dabei immer Gesellschaft. Am Wochenende bietet sich ein ausgiebiges Frühstück an, für das Sie sich viel Zeit lassen.

„Ist Frühstücken tatsächlich so wichtig?"

Ja. Kinder, die frühstücken, sind in den Morgenstunden leistungsfähiger und reaktionsschneller und ermüden nicht so schnell. Durch die Nachtpause sind die Kohlenhydratspeicher der Leber ganz oder größtenteils erschöpft. Die Gehirnzellen sind jedoch auf eine konstante Blutzuckerkonzentration angewiesen. Das erste Frühstück zu Hause und das zweite im Kindergarten oder in der Schule füllen diese „Löcher" wieder auf. Wenn Ihr Kind gleich nach dem Aufstehen kein üppiges Frühstück oder Müsli mag, sollte das Pausenbrot für Ausgleich sorgen und etwas gehaltvoller ausfallen. Achten Sie darauf, dass Ihr Kind nicht ganz ohne Frühstück aus dem Haus geht. Eine Kleinigkeit geht vielleicht doch, zum Beispiel ein kleines Brot mit Quark oder Käse, ein Stück Obst, eine Tasse Milch oder Kakao.

„Was ist drin in Nuss-Nougatcreme?"

Nuss-Nougatcreme enthält viel Zucker und Fett und nur wenig Eiweiß und Vitamine. Deshalb ist sie kein wertvolles Lebensmittel und sollte nur ab und zu aufs Butterbrot kommen. Eine Alternative sind zum Beispiel reine Nussmuse, beispielsweise aus Mandeln. Das Rezept für eine selbst hergestellte Nuss-Nougatcreme finden Sie auf → Seite 121.

– Milchpulver

– Haselnuss

– Zucker

– Kakao

– Fett

Das 2. Frühstück

Die Zeit bis zum Mittagessen – egal ob in der Kindertagesbetreuung oder in der Schule – ist lang und für ein Kind ohne Zwischenmahlzeit oft schwer zu schaffen. Um konzentriert und körperlich aktiv sein zu können, brauchen Kinder Kohlenhydrate.

Je kleiner das erste Frühstück war, desto größer sollte das Pausenfrühstück ausfallen. Auch diese Mahlzeit sollte appetitlich zubereitet und entsprechend verpackt sein. Beim Öffnen der Brotbox in der Kita oder der Schule sollte alles noch ansprechend aussehen. Verwenden Sie zum Beispiel eine Brotbox mit einer Einteilung in Fächer, damit Gemüse oder Obst nicht zwischen dem Frischkäsebrot kleben und der Inhalt dann in den Mülleimer wandert. Apfelspalten oder Möhrenstücke bleiben beispielsweise mit ein paar Spritzern Zitronensaft frisch und ansehnlich. Für das zweite Frühstück sind alle Lebensmittel, die wir für das erste Frühstück genannt haben geeignet. Manchmal gibt es eventuell aus praktischen Gründen Einschränkungen für Müsli, Joghurt, Quark oder Milchmix-Getränke, wobei es auch hier entsprechende Behälter gibt, die den Transport ermöglichen. Manche Schulen bieten auch Schulmilch an.

→ **TIPP**
Schauen Sie sich bei der Auswahl der Kita oder Schule auch die Verpflegung an. Checklisten dazu finden Sie auf → Seite 70 f.

Kindergartenkinder haben in der Regel noch nicht die Möglichkeit, sich selbst etwas zu kaufen. Hier haben Sie als Eltern noch den größten Einfluss auf die Auswahl des Pausenfrühstücks. Bei Schulkindern sieht es dann schon anders aus. Nur im Notfall sollten Sie Ihrem Kind Geld mitgeben, damit es sich selbst etwas kaufen kann. Besprechen Sie, was ein sinnvoller Snack vom Bäcker oder Kiosk sein kann.

„Gut informierte Personen in den Einrichtungen sind wichtig."

URSULA TENBERGE-WEBER ist Oecotrophologin und arbeitet seit vielen Jahren als Expertin für Ernährungsfragen bei der Verbraucherzentrale NRW, u.a. leitet sie die Vernetzungsstelle Kita- und Schulverpflegung NRW.

Was ist mit dem Essen in der Kita oder Schule, wenn mein Kind eine Lebensmittelunverträglichkeit (Allergie) hat?

Gut informierte Personen in den Einrichtungen sind für Ihr Kind in diesem Fall wichtig. Legen Sie zum einen eine vom Arzt ausgestellte Bescheinigung der Unverträglichkeit oder Allergie vor und besprechen Sie diese in der Kita oder Schule mit den Verantwortlichen. Die Teilnahme am Mittagessen sollte für Ihr Kind auf jeden Fall möglich sein. So ist es auch in den DGE-Qualitätsstandards für die Verpflegung formuliert. Zusätzlich kann eine Auflistung der Lebensmittel, die eine Allergie bzw. Unverträglichkeit bei

Ihrem Kind auslösen, hilfreich sein.

Eine wichtige Voraussetzung für die Teilnahme am Essen ist die Angabe der 14 Hauptallergene auf dem Speiseplan. Dazu sind die Anbieter gesetzlich verpflichtet. Dann können Eltern in der Kita oder Schulkinder das Essen entsprechend auswählen.
Weitere Informationen dazu unter: www.kita-schulverpflegung.nrw

In Ausnahmefällen kann es sein, dass eine gute Verpflegung Ihres Kindes nur über ein mitgebrachtes Essen möglich ist, das am Mittag aufgewärmt wird. Denn es gibt keine Verpflichtung für die Kitas und Schulen, bei

der Zubereitung der Speisen auf Lebensmittelunverträglichkeiten Rücksicht zu nehmen. Oft lassen sich aber Mittel und Wege finden, die ein gemeinsames Essen ermöglichen.

Weitere Informationen und Hilfestellung zum Thema Allergie finden Sie unter:
www.daab.de
www.was-wir-essen.de

Das Mittagessen

Kinder, die im Kindergarten oder in der Schule nicht zu Mittag essen, kommen oft mit einem Bärenhunger nach Hause. Ein warmes und abwechslungsreiches Mittagessen, das nach einer kleinen Entspannungspause mit der Familie eingenommen wird, wäre dann optimal. Oft passt es aber auch nicht in den Rhythmus der Familie und die große warme Mahlzeit wird auf den Abend verlegt, was kein Problem ist. Wenn man häufiger kleine Portionen von Mahlzeiten einfriert, lassen sich diese für solche Gelegenheiten aufwärmen. Alternativ kann auch eine kleine Mahlzeit wie Milchreis, eine Quarkspeise mit Obst oder Getreidebratlinge mit etwas Rohkost und Dip als Ersatz für das Mittagessen dienen, zum Beispiel in der warmen Jahreszeit.

Wer am Mittag eher eine kalte Mahlzeit zubereitet, findet dazu im Abschnitt „Abendessen" (→ Seite 67) Anregungen.

Ein vollwertiges Mittagessen kann folgendes beinhalten:

- Kartoffeln, Nudeln, Getreide oder Hülsenfrüchte (täglich)
- Gemüse oder Salat (täglich)
- Fleisch (2–3 x/Woche) oder Fisch (1 x/Woche) oder Eier (1–3 Stück/Woche)

- Getränke wie Trink- oder Mineralwasser und verdünnte Fruchtsäfte (1 Teil Saft und 3 Teile Wasser)

Fleisch steht damit nicht täglich auf dem Speiseplan, besonders wenn in der Kita oder Schule schon Fleisch angeboten wird. Das sollten Sie auf jeden Fall mit berücksichtigen. Die vegetarischen Hauptgerichte werden auf der Basis von Getreide, wie zum Beispiel Reis, Nudeln oder Couscous, oder mit Hülsenfrüchten und Kartoffeln zubereitet. Im Rezeptteil finden Sie viele Vorschläge. Hin und wieder darf es auch einmal ein süßes Hauptgericht sein, zu dem Sie als Vorspeise Gemüserohkost reichen.

Kinder freuen sich immer über einen Nachtisch. Gibt es ein- bis zweimal pro Woche ein Dessert, steigt die Vorfreude auf das Mittagessen. Grundsätzlich sollen sich Kinder aber am herzhaften Mittagessen satt essen.

 WICHTIG

Bieten Sie Ihrem Kind zu jedem Essen auch ein Getränk an.

Wochenspeiseplan für die warme Mahlzeit

WOCHENTAG	MENÜ	SEITE
Montag	Orientalische Linsenpuffer mit Avocadocreme Rote-Bete-Salat	158 119 130
Dienstag	Pilzpfanne mit Hähnchenstreifen Naturreis Endiviensalat mit Orangen	165 126
Mittwoch	Vegetarische Bolognese mit roten Linsen Vollkornnudeln Saisonale Rohkostplatte	179 136
Donnerstag	Weißer Bohneneintopf aus dem Ofen Blitzbrot mit Kernen und Saaten	142 117
Freitag	Lachsfilet im Gemüsebett mit Kartoffelstampf	177
Samstag	Süßkartoffel-Zucchini-Tortilla Möhren-Apfel-Rohkost	170 127
Sonntag	Saftiges Gulasch mit Gemüse Salzkartoffeln	185

„Sind Fertig-
gerichte für Kinder
geeignet?“

„Welche
Gewürze kann man auch
schon für Kleinkinder
verwenden?“

Komplette Fertiggerichte wie zum Beispiel Minipizza, Piratensuppe, Grießbrei und Klöße aus der Tüte sollten in einer ausgewogenen Kinderernährung allenfalls ein Notbehelf sein. Ebenso wie Produkte, die versprechen, das Kochen zu erleichtern: Fertige Soßen aus der Tüte, Würzmischungen und Salatdressings zum Anrühren. Kritisch ist der häufig hohe Salzgehalt bei den herzhaften Fertiggerichten und Fixprodukten: So enthält eine viertel Pizza Salami bereits mehr als die Hälfte des Tagesbedarfs von zwei- bis dreijährigen Kindern.

Sollten Sie ab und zu Fertiggerichte verwenden, achten Sie auf die Zutatenliste: Werden Lebensmittel weiter verarbeitet, sind meist Zusatzstoffe wie Konservierungsstoffe, Antioxidations- und Verdickungsmittel oder Farbstoffe und Geschmacksverstärker enthalten. Je weniger Zusatzstoffe drin sind, desto besser.

Ab dem zweiten Lebensjahr können alle Gewürze wie Salz, Pfeffer, Paprikapulver, Muskatnuss ohne Einschränkung schrittweise eingeführt werden. Auch Kräuter aller Art sind zum Würzen geeignet. Besonders scharfe Gewürze sollten Sie vorsichtig verwenden, da Kinder ein intensiveres Geschmacksempfinden haben als Erwachsene. In unserem Kulturkreis sind wir in dieser Hinsicht etwas zurückhaltender als in anderen Ländern. Doch: Geschmack wird erlernt. Probieren Sie also aus, was Ihrem Kind schmeckt, und passen Sie die Gewürze entsprechend an.

„Ist Kochen
mit Alkohol für Kinder
schädlich?“

Auf Dauer ja! Gegen Alkohol im Essen sprechen zwei wichtige Gründe: Kinder reagieren wegen ihres geringeren Körpergewichts wesentlich stärker als Erwachsene auf Alkohol und ihre Leber muss sehr viel mehr „Verdauungsarbeit“ leisten. Außerdem können sich Kinder, auch wenn sich der Alkohol zum Teil beim Kochen, Braten oder Backen verflüchtigt, an den Geschmack gewöhnen und später unter Umständen eine ungünstige Vorliebe für Alkohol entwickeln.

Die Zwischenmahlzeit am Nachmittag

Die Zwischenmahlzeit am Nachmittag hat die gleiche Bedeutung wie das zweite Frühstück oder das Pausenbrot. Hiermit kann man einen Konzentrations- und Leistungsabfall bei den Hausaufgaben und bei diversen Aktivitäten am Nachmittag vermeiden. Ein kleiner Snack, zum Beispiel ein Knäckebrot mit Butter, Gurke und etwas Kräutersalz oder auch mit Quark oder Frischkäse, kann mit der süßen Portion des Tages abgerundet werden. Süßes allein als Zwischenmahlzeit am Nachmittag reicht nicht aus, um den kleinen Hunger zu stillen.

Die Zwischenmahlzeit am Nachmittag kann zum Beispiel folgenderweise aussehen:

- Bunter Obstteller, Rohkostteller oder Smoothie
- Nüsse und Trockenfrüchte, zum Beispiel Studentenfutter
- Vollkornkuchen oder -gebäck
- Vollkornknäckebrot oder -zwieback mit Kräuterquark, Käse oder einem süßen Brotaufstrich
- Getränke wie Trink- oder Mineralwasser, Kräuter- oder Früchtetee, verdünnte Fruchtsäfte und Gemüsesaft

Das Abendessen

Ob kalt oder warm – das Abendessen sollte nicht zu spät eingenommen werden und leicht verdaulich sein, damit die Kinder nicht mit vollem Magen ins Bett gehen. Orientieren Sie sich für ein warmes Abendessen an unseren Tipps zum Mittagessen (→ Seite 64 f.).

Anregungen für ein kaltes Abendessen finden Sie hier:

- Vollkornbrot mit Frischkäse oder Kräuterquark, dazu zum Beispiel Tomaten, Gurken, Kohlrabisticks
- Vollkornbrot mit Avocadocreme, dazu ein bunter Bohnensalat
- Bratlinge als Rest vom Mittag mit Kräuterdip, Rote-Bete-Salat
- Wraps mit unterschiedlichem Belag (Rezept → Seite 157),
- Kartoffelsalat mit Würstchen und Brot
- Getränke wie Trink- oder Mineralwasser, Kräuter- oder Früchtetee und verdünnte Fruchtsäfte

Die Mahlzeiten auf einen Blick

Tagespläne für 3 Tage

MAHLZEIT	1. TAG	2. TAG	3. TAG
1. Frühstück	Müsli* mit Joghurt, frischem Obst und Nüssen Kräutertee	Blitzbrot* mit Quark und Konfitüre Früchtetee	Knuspermüsli* mit Joghurt und Obst Früchtetee
2. Frühstück	Blitzbrot* mit Butter und Käse Kohlrabischeiben (Schul-)Milch Trink- oder Mineralwasser	Weizenbrötchen* mit Butter und Schinken Tomaten- und Gurkenscheiben Apfelschorle	Früchtebrot* mit Frischkäse 1 Mandarine (Schul-)Milch Trink- oder Mineralwasser
Mittagessen	Paprikafrikadellen * mit Salzkartoffeln Trink- oder Mineralwasser	Möhren-Apfel-Rohkost* Pastinaken-Kartoffelsuppe Trink- oder Mineralwasser	Gefüllte Zucchini mit Bulgur* Saisonale Rohkostplatte* Trink- oder Mineralwasser
Zwischenmahlzeit	Knäckebrot mit Konfitüre Orangensaftschorle	Obstkuchen* 1 Glas Milch	Rosinenbrötchen* mit Butter Apfelsaftschorle
Abendessen	Blitzbrot* mit Kräuterquark Rohkost aus Möhre, Gurke, Paprika Früchtetee	Möhren-Kräuter-Tarte* Kopfsalat mit fruchtiger Vinaigrette* Früchtetee	Wraps* Endiviensalat mit Orangen* Kräutertee

* Die Rezepte finden Sie ab → Seite 103.

In Kindertagesbetreuung und Schule essen

Immer mehr Kinder verbringen viele Stunden des Tages in der Kindertagespflege, in Kindertageseinrichtungen und Ganztagsschulen. Gemeinsam essen sie dort das Pausenfrühstück, das Mittagessen und auch den Snack am Nachmittag. Gleichzeitig erleben die Kinder Esskultur, Tischsitten und lernen Rücksichtnahme. Sie haben die Chance, ihnen unbekannte neue Lebensmittel kennenzulernen und schulen ihren Geschmack. Wenn die Kinder dort leckere und gesunde Mahlzeiten erhalten und in angenehmer Atmosphäre essen können, leisten die Einrichtungen einen wichtigen Beitrag zur Entwicklung eines gesundheitsfördernden Essverhaltens.

Die nachfolgenden Checklisten zur Verpflegung in Ihrer Kita oder Schule (→ Seite 70 f.) helfen Ihnen, die Qualität und die Bedeutung des Essens in der Einrichtung einzuschätzen.

Wenn Sie in den beiden Listen häufiger die Spalte „Trifft nicht zu" ankreuzen, gibt es in der Kita oder Schule Ihres Kindes Spielraum für Verbesserungen.

Wie Sie aktiv werden können:
- Sprechen Sie mit der Kindertagespflegekraft über das Essen.
- Bringen Sie das Thema Ernährung in Elternversammlungen ein.
- Nutzen Sie die Elternvertretungen (Elternrat und Schulpflegschaft) für Ihr Anliegen.
- Tragen Sie Ihre Wünsche den Trägern von Kita und Schule vor.
- Machen Sie sich für die Erarbeitung eines Ernährungskonzeptes stark.
- Organisieren Sie mit anderen Ernährungsaktionen, zum Beispiel ein Frühstücksbüfett, Kochen mit den Eltern, Informationsveranstaltungen mit Ernährungsfachkräften.

Solange die Verpflegung nicht optimal ist, können Sie zu Hause für einen Ausgleich sorgen.
- Ergänzen Sie Ihr Angebot mit Obst und Gemüserohkost sowie Milchprodukten.
- Bieten Sie Brot, Nudeln und Reis in der Vollkornvariante an.
- Reduzieren Sie Fleisch und Wurst bei den Mahlzeiten.
- Verwenden Sie Fett für die Zubereitung sparsam.

Checkliste: Wie klappt's in der Kita mit dem Essen?

	TRIFFT ZU	TRIFFT NICHT ZU
1. Das Essen schmeckt meinem Kind.		
2. Vollkornprodukte werden angeboten.		
3. Täglich stehen Gemüse oder Rohkost auf dem Speiseplan.		
4. Die Kinder essen in einem separaten, freundlich gestalteten Speiseraum.		
5. Die Erzieherinnen begleiten die Mahlzeiten und essen selbst mit.		
6. Frittiertes oder Paniertes gibt es max. 1 x wöchentlich.		
7. Fleischgerichte gibt es max. 2 x wöchentlich.		
8. Der Speiseplan hängt für Eltern sichtbar aus.		
9. Das Essen ist seinen Preis wert.		
10. In der Kita gibt es eine geschulte Erzieherin, die sich um die Verpflegung kümmert.		
11. Die Kita informiert Eltern zum Ernährungskonzept und zum Umgang mit Süßigkeiten.		

Checkliste: Wie klappt's in der Schule mit dem Essen?

	TRIFFT ZU	TRIFFT NICHT ZU
1. Mein Kind geht regelmäßig in die Mensa.		
2. Das Essen schmeckt meinem Kind.		
3. Das Mahlzeitenangebot berücksichtigt die Wünsche der Schüler.		
4. Die Schüler essen in einem separaten, freundlich gestalteten Speiseraum.		
5. Das Bestell- und Abrechnungssystem ist schülergerecht.		
6. Die Wartezeiten bei der Essensausgabe sind kurz.		
7. Das Essen ist seinen Preis wert.		
8. Der Speiseplan hängt aus bzw. ist im Internet einsehbar.		
9. Eltern und Schüler sind an der Ausgestaltung des Speisenangebots beteiligt.		
10. In der Schule gibt es einen Ansprechpartner für die Verpflegung.		
11. Essen und Trinken ist Thema im Unterricht und in Projekten.		

Süß – ein besonderer Geschmack

Die Vorliebe für den süßen Geschmack ist uns Menschen angeboren. Auch Muttermilch ist von Natur aus leicht süß. In den Zeiten, als wir unsere Nahrung noch nicht im Supermarkt eingekauft, sondern von Feld und Strauch gesammelt haben, signalisierte die Geschmacksrichtung „süß", dass ein Nahrungsmittel verträglich und ungiftig ist. Die bittere Geschmacksnote galt als Warnung. Mit süßem Geschmack ist allerdings häufig ein hoher Energiegehalt verbunden, der in Kombination mit wenig Bewegung zu Übergewicht und allen damit verbundenen Nachteilen führen kann.

Reizschwelle für Süßes

Der Verbrauch von Zucker lag 2014/2015 bei ca. 33,6 Kilogramm pro Kopf, das entspricht immerhin 92 Gramm Zucker pro Person und Tag mit einem Energiegehalt von ca. 370 Kilokalorien, also bereits 18 Prozent des durchschnittlichen täglichen Energiebedarfs. Nicht mitgerechnet sind dabei andere Zuckerarten wie zum Beispiel Glukose, Fruktose und daraus hergestellte Sirupe, Ahornsirup oder auch Honig, die in vielen Produkten verarbeitet werden.

→ **TIPP**
Wichtige Informationen rund ums Thema liefert der Ratgeber „Achtung, Zucker!", www.ratgeber-verbraucherzentrale.de.

Jeder entwickelt seine eigene Reizschwelle, ab der er etwas als süß empfindet. Bereits im Mutterleib lernt das ungeborene Kind verschiedene Aromen und Geschmacksrichtungen kennen, die von der Mutter weitergereicht werden. Später erfährt es die Vielfalt mit der Muttermilch oder Säuglingsnahrung und entwickelt erste Vorlieben. Schon im Säuglings- und Kleinkindalter sollte man daher auf ungesüßte oder wenig süße Zubereitung Wert legen und auf süße Milchnahrung und Trinkbrei verzichten, da die Vorliebe für den süßen Geschmack sonst noch verstärkt wird.

Braucht der Körper Süßes?

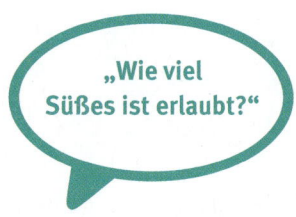

„Wie viel
Süßes ist erlaubt?"

Grundsätzlich brauchen weder Kinder noch Erwachsene Zucker. Den Zucker, den Körperzellen und Gehirn zur Energiegewinnung und für Abläufe im Stoffwechsel benötigen, produziert der Körper selbst, indem er Kohlenhydrate abbaut, die als Stärke in Vollkornprodukten, Kartoffeln, Hülsenfrüchten, Gemüse und als Fruchtzucker im Obst enthalten sind. Die Verdauung dieser Lebensmittel erfolgt langsam, sodass der Zucker nach und nach an das Blut abgegeben wird. Das Hormon Insulin sorgt dann wiederum für den weiteren Transport in die Körperzellen. Je mehr Zucker ins Blut gelangt, umso mehr Insulin wird benötigt und vom Körper produziert. Der Blutzuckerspiegel fällt anschließend wieder rasch, und es entsteht schnell erneut ein Hungergefühl. Langfristig wird der Insulinstoffwechsel gestört.

Für Eltern ist es manchmal schwer, die richtige Balance zu finden. Süßes soll keine Belohnung und kein Trostpflaster sein und doch ist verlockend, es zu versprechen statt Tränen kullern zu sehen. Aber: Süßigkeiten gehören zu den energiereichen Lebensmitteln und enthalten oft auch größere Mengen Fett. Die Weltgesundheitsorganisation empfiehlt, nicht mehr als zehn Prozent des täglichen Energiebedarfs in Form von Zucker zu sich zu nehmen. Bei Kindern von vier bis 14 Jahren heißt das: 125 bis 240 Kilokalorien pro Tag (Energiegehalt von Süßigkeiten → Seite 77). Noch besser: Maximal 5 Prozent des Energiebedarfs werden mit Zucker abgedeckt.

EXKURS

Zucker und Karies

Karies entsteht durch ein Zusammenspiel verschiedener Faktoren. Schlechte Zahnpflege, häufiger Verzehr von zuckerhaltigen Lebensmitteln wie Süßigkeiten, süße Limonaden oder Saft, aber auch individuelle Voraussetzungen wie die Zusammensetzung und Menge des eigenen Speichels sind entscheidend. Das Risiko für Karies ist sehr viel geringer, wenn man süße Lebensmittel weitgehend meidet und die Zähne täglich zweimal putzt. Jedoch soll die Reinigung mit der Zahnbürste nicht kurz nach dem Essen, sondern erst 30 Minuten später vorgenommen werden, damit der aufgeweichte Zahnschmelz beim Putzen mit der Bürste nicht leidet. Wegen der Fluoridgabe bei Kleinkindern oder der Nutzung von entsprechenden Zahncremes wenden Sie sich an Ihren Kinder- oder Zahnarzt.

> **„Muss ich in erster Linie auf Süßigkeiten achten oder stellen Getränke auch eine Gefahr dar?"**

Nach wissenschaftlichen Erkenntnissen spielen gesüßte Getränke wie Limonaden oder Eistee eine große Rolle für die Entwicklung von Übergewicht bei Kindern und Jugendlichen. Weltweit sind der Verkauf und Konsum von Softdrinks angestiegen, besonders bei Jugendlichen von elf bis 13 Jahren sind sie sehr beliebt. 24 Prozent der Jungen trinken täglich Softdrinks, bei Mädchen sind es 16 Prozent (HBSC Studie 2013/14).

Wo Zucker überall drinsteckt

Der gebräuchlichste Zucker bei uns ist Haushaltszucker, auch Saccharose genannt. Er wird fast ausschließlich aus Zuckerrüben gewonnen. An der Zutatenliste eines Produkts können Sie sehen, ob nur Haushaltszucker oder auch andere Zuckerarten im Produkt enthalten sind. Die verschiedenen Zuckerarten sind dort in absteigender Reihenfolge aufgeführt, das heißt, die Zutat mit dem größten Gewichtsanteil steht an erster Stelle. Oft sind verschiedene Zuckerarten an unterschiedlichen Stellen aufgeführt. Den gesamten Zuckergehalt pro 100 Gramm/Milliliter finden sie in der Nährwertkennzeichnung.

Zu Zuckern und zuckerreichen Zutaten gehören:

Sacharrose

Dextrose

Raffinose

Glukose oder Glukosesirup

Fruktose oder Fruktosesirup

Karamellsirup

Laktose

Maltose oder Malzextrakt

Maltodextrin

Gerstenmalz oder Gerstenmalzextrakt

Süßmolkepulver

Alternativen zu Süßigkeiten und Zucker

Süßigkeiten ersetzen

Alternativen sind frisches Obst, Trockenfrüchte oder Nüsse, zwischendurch auch etwas Ausgefallenes wie Ananas, Melonen oder Feigen. Obst und Trockenfrüchte enthalten zwar auch Zucker, aber zusätzlich Vitamine, Mineralstoffe, sekundäre Pflanzenstoffe und Ballaststoffe. Sie sind keine „leeren Kalorien".

Möchte Sie Ihren Kindern eine Freude machen, muss es nicht mit einer Süßigkeit sein. Auch kleine Geschenke wie zum Beispiel Sticker, Buntstifte, Spielzeugautos, kleine Heftchen zum Vorlesen oder vielleicht ein Kinogutschein sind willkommen.

Und die kostbarste Alternative: Zeit schenken für gemeinsame Unternehmungen. Ein Besuch im Zoo, Schwimmen, eine Radtour, Vorlesen, Geschichten erzählen, Gesellschaftsspiele spielen oder miteinander toben und schmusen – wem fehlen da noch Süßigkeiten?

So viel Zucker steckt in beliebten Kindersnacks

PRODUKT	PORTION	KALORIENGEHALT PRO PORTION	ZUCKERANTEIL IN GRAMM/ZUCKERWÜRFEL PRO PORTION
Kinderjoghurt mit Cerealien	150 g	177 kcal	10,5 g/3,5 Würfel
Kinderpudding	125 g	145 kcal	17,6 g/6 Würfel
Kinderquark	50 g	53 kcal	6,4 g/2 Würfel
Trinkjoghurt	100 g	79 kcal	12,8 g/4 Würfel
Quark im Quetschbeutel	90 g	94,5 kcal	11,7 g/4 Würfel
Cerealien	30 g	115 kcal	13 g/4 Würfel
Schokoriegel	25 g	124 kcal	12,2 g/4 Würfel
Schokolade für Kinder	12,5 g	71 kcal	6,7 g/2 Würfel
Eisteegetränk	0,25 l	70 kcal	17 g/5,5 Würfel
Fruchtsaftgetränk Orange	0,2 l	88 kcal	20 g/6,5 Würfel
Kakao, löslich (15 g in 0,2 l Milch mit 1,5 % Fett)	0,2 l	129 kcal	18,9 g/6 Würfel
Kekse für Kinder (6 kleine Kekse)	37,5 g	188 kcal	13,5 g/4,5 Würfel
Hörnchen mit Nuss-Nougat-Füllung	48 g	232 kcal	10,6 g/3,5 Würfel

Zucker ersetzen

Süßungsmittel: Fruchtzucker, Zuckeraustauschstoffe und Süßstoffe, zum Beispiel aus Stevia, die als Zuckerersatz verwendet werden, werden gern als „natürliche" Süßungsmittel bezeichnet. Brauner Zucker, Kokosblütenzucker, Ahornsirup, Zuckerrübensirup, Agaven-, Apfel- und Birnendicksaft wirken zwar alternativ und gesund und sind teilweise auch weniger stark verarbeitet als normaler Haushaltszucker, haben aber ebenfalls einen hohen Energiegehalt und sind daher wie Zucker zu bewerten.

Honig ist zwar naturbelassen, für die Zähne ist er aber ebenso ungünstig wie Zucker, da er durch seine Klebrigkeit besonders gut haftet. Für Kinder unter einem Jahr ist Honig ungeeignet, da im Honig für Säuglinge schädliche Bakterien enthalten sein können.

Zuckeraustauschstoffe: Sorbit, Laktit, Maltit, Mannit, Isomalt, Erythrit oder Xylit (Birkenzucker) besitzen weniger Süßkraft als Zucker und sind nicht ganz kalorienfrei. Schon bei Aufnahme kleiner Mengen verursachen diese Zuckeraustauschstoffe bei Kindern oft Beschwerden wie Blähungen, Bauchschmerzen und Durchfall. Im Gegensatz zu Zucker fördern sie jedoch kaum oder gar nicht die Entstehung von Karies. Besonders Xylit wird daher in Kaugummis, Bonbons und Getränken eingesetzt. Die Verwendung dieser Zuckeraustauschstoffe führt nicht zu veränderten Essgewohnheiten oder einer geringeren Reizschwelle für Süßes. Daher empfehlen wir eher das wohldosierte Süßen mit natürlichen Zutaten. Süß- und Zuckeraustauschstoffe werden in der Zutatenliste aufgeführt.

Süßstoffe: Als Süßstoffe sind zugelassen: Advantam, Aspartam, Acesulfam-K, Aspartam-Acesulfam-Salz, Cyclamat, Neohesperidin, Neotam, Saccharin, Steviolglykosid, Sucralose und Thaumatin. Sie liefern wenige bis keine Kalorien. Häufig sind Mischungen verschiedener Süßstoffe in Lebensmitteln zu finden.

Fruchtzucker (Fruktose): Er sorgt in vielen Früchten auf natürliche Weise für Süße. In der Lebensmittelindustrie werden immer häufiger Fruchtzucker und Fruktosesirup anstelle von Zucker verwendet. Doch unser Verdauungsapparat ist für größere Mengen

 ACHTUNG

Hinter „weniger süß", „weniger Zucker", „ohne Kristallzucker" oder „Traubenfruchtsüße" verbirgt sich oft ein hoher Fruchtzuckeranteil. Auch Milchprodukte, Mineralwasser mit Fruchtgeschmack, Wellness- und Diät-Erfrischungsgetränke können Fruchtzucker enthalten.

Fruchtzucker nicht geschaffen. Ein übermäßiger Genuss kann Magenschmerzen und Durchfall auslösen. Außerdem steht Fruchtzucker in Verdacht, Übergewicht zu fördern und an der Entstehung von Diabetes beteiligt zu sein. Für gesunde Erwachsene und Kinder können mehr als 35 Gramm Fruchtzucker pro Mahlzeit (= ca. zwei Gläser Apfelsaft) schon zu viel sein.

Obst statt Fruchtzucker

Zwei Portionen Obst pro Tag sind empfohlen und führen bei Gesunden zu keinerlei Beschwerden. Eine Portion davon kann ein Glas Obstsaft sein. Die Fruchtzuckeraufnahme darüber hinaus sollte möglichst gering sein. Achten Sie in der Zutatenliste auf Begriffe wie Fruchtzucker, Fruktose-Glukose-Sirup und Fruktose.

ADI-Werte

Die Abkürzung ADI steht für „acceptable daily intake" und heißt übersetzt „duldbare tägliche Aufnahme". Der ADI-Wert gibt die Menge eines Stoffes an, die täglich und über die gesamte Lebenszeit verzehrt werden kann, ohne dass hierdurch gesundheitliche Gefahren zu erwarten wären. ADI-Werte gibt es immer nur für einen einzelnen Stoff und nicht

für Süßstoffgemische. In der Regel setzt die Industrie aber Süßstoffmischungen ein. Die Europäische Behörde für Lebensmittelsicherheit (EFSA) und die Weltgesundheitsorganisation (WHO) haben für Süßstoffe sogenannte ADI-Werte festgelegt, die in Milligramm pro Kilogramm Körpergewicht angegeben werden.

Fazit

Lebensmittel, die mit Süßstoffen und/oder Zuckeraustauschstoffen gesüßt sind, sind keine empfehlenswerten Lebensmittel für Kinder. Sie sind keine Alternative zu Zucker und sollten, wenn überhaupt, nur in Ausnahmefällen verwendet werden. Kinder erreichen aufgrund ihres geringen Körpergewichts schneller die als schädlich eingestuften Mengen der Süßstoffe. Sie kommen vor allem im Sommer sehr rasch auf die ADI-Werte, wenn sie mit Süßstoff gesüßte Getränke trinken. Es handelt sich zwar um energiefreie Süßstoffe und sie sind nicht kariesfördernd. Dennoch ist problematisch, dass die Vorliebe für die Geschmacksrichtung „süß" dadurch weiter ausgebaut wird.

Näheres zu den Süßungsmitteln, den E-Nummern und dem ADI-Wert finden Sie unter www.zusatzstoffe-online.de.

"Ist Traubenzucker für Kinder besonders gesund?"

"Sind Müsliriegel eine gesunde Alternative zu Schokoriegeln?"

Nein, Traubenzucker bietet weder Kindern noch Erwachsenen Vorteile. Für Schule und Spiel ist Traubenzucker keine sinnvolle Unterstützung, sondern wie anderer Zucker auch lediglich ein Lieferant „leerer Kalorien".

Nein. Ein Müsliriegel enthält häufig bis zu 20 Prozent Zucker (Trauben-, Frucht-, Malz- oder Haushaltszucker, Honig oder Sirup). Dieser Nachteil kann durch den Ballaststoffgehalt aus den Getreideflocken, Nüssen oder dem Trockenobst nur schwer ausgeglichen werden. Müsliriegel mögen das Gewissen beruhigen, sind aber als Süßigkeiten einzuordnen.

Umgang mit Süßigkeiten

Verbieten Sie Ihrem Kind Süßigkeiten nicht grundsätzlich. Zum einen haben verbotene Sachen bekanntlich einen besonderen Reiz, zum anderen lässt sich ein Verbot nicht durchhalten: Spätestens bei Freunden oder Oma und Opa, nutzen Kinder die Gelegenheit, Süßigkeiten zu essen, und stopfen sich unter Umständen regelrecht damit voll. Außerdem kaufen sie Süßigkeiten durchaus heimlich vom Taschengeld. Erfolgversprechender ist es, bewusst mit Süßem umzugehen. Obst oder Nüsse können das Süßbedürfnis und den Heißhunger auf Süßes beträchtlich abkühlen.

Vereinbaren Sie zum Verzehr von Süßigkeiten Spielregeln. Zum Beispiel:

- Ein Stück wird sofort probiert, der Rest wandert in eine spezielle „süße Dose".
- An den Süßigkeitenvorrat geht man nur gemeinsam. So können Sie gemeinsam die Menge im Blick halten.

- Es gibt eine Ration für eine Woche, die Sie mit Ihrem Kind festlegen. Sie überlassen es Ihrem Kind, ob und wie es sich diesen Vorrat aufteilt.
- Es wird nur einmal täglich Süßes gegessen.
- Süßes wird nicht unmittelbar vor dem Essen genascht.
- Sie selbst kaufen keine oder nur wenige Süßigkeiten auf Vorrat.

„Wie gehe ich damit um, wenn Großeltern und Freunde ständig Süßes mitbringen?"

Versuchen Sie auch in diesem Fall, Spielregeln mit Ihren Kindern zu vereinbaren, beispielsweise die Dose für den Süßigkeitenvorrat. Alternativ können Sie den Gästen vorab Tipps für kleine Mitbringsel geben, um die mitgebrachten Mengen etwas einzugrenzen. Bleiben Sie entspannt, wenn es einmal etwas mehr Süßigkeiten sind, zum Beispiel bei besonderen Festen. Wichtig ist, danach wieder zum gesunden Maß zurückzukehren.

Brauchen Kinder eine Extrawurst?

In der Werbung wird gerne das gute Gefühl der Eltern dargestellt, die sogenannte Kinderlebensmittel für ihre Kleinen kaufen. Demgegenüber sollten wohl alle restlichen Eltern ein schlechtes Gewissen haben? Auf gar keinen Fall! Bärchenwurst, Knusperjoghurt, Pudding und Kindermüsli sind nicht besser als andere Produkte.

Kinderlebensmittel auf Erfolgskurs

Kinder erkennen sie meist nach den ersten Tönen und kennen die Texte allzu gut: die Lieder und Melodien, die in der Werbung für Kinderlebensmittel verwendet werden. Außerdem werden die Kleinen mit Comic-Helden oder fantasievollen Figuren gelockt, mit Online-Aktionen, Apps und aufwändigen Internetseiten, die auch schon von Grundschülern über das eigene Smartphone aufgesucht werden. Den Eltern verspricht die Werbung einen besonderen Nutzen, zum Beispiel durch enthaltene Milch oder enthaltene Nährstoffe. Kinderlebensmittel füllen teilweise ganze Regale und umfassen weit mehr als die klassischen Süßigkeiten. Besonders bei den Milchprodukten und den Cerealien finden sich Produkte, deren Marketing speziell auf Jungen oder Mädchen abzielt. Dazu kommen Wurst, Käse, Fruchtriegel, Tütensuppe oder Tomatensoße für Kinder.

→ **TIPP**
Auf → Seite 85 finden Sie Alternativen zu gängigen Kinderlebensmitteln.

Gezielt ausgeweitet haben die Hersteller zudem Internetangebote und Smartphone-Apps zum Spielen und Sammeln, bei denen ganz nebenbei die Bindung an die jeweilige Marke entsteht und das Taschengeld in die Produkte investiert wird. Die einmal entwickelte Vorliebe für eine bestimmte Marke, Packung oder das damit verbundene gute Gefühl prägt sich sehr früh ein und hält oft ein Leben lang an. So ist das Bemühen der Firmen gut nachvollziehbar.

Kinderlebensmittel sind aber nicht zwangsläufig besonders gut für Kinder geeignet, zum Beispiel weil sie weniger Zucker, keine Aromen oder besonders gute Zutaten enthalten. Im Gegenteil! Überwiegend sind es ganz normale Süßigkeiten oder Lebensmittel, die durch Form, Farbe oder Werbung insbesondere Kinder ansprechen oder den Eltern mit scheinbar guten Zutaten ein gutes Gewissen vermitteln. Teilweise sind sie süßer als vergleichbare Produkte für Erwachsene. Zumindest greift man dabei oft tiefer in die Geldbörse, teilweise auch nur dadurch, dass die enthaltenen Mengen geringer sind als in vergleichbaren Packungen.

→ TIPP

Achten Sie darauf, dass Ihr Kind ausgewählte Sendungen im Fernsehen ohne Werbepausen anschaut und überlegen Sie, ab wann ein Smartphone sinnvoll ist. Sogenannte Influencer auf YouTube und Instagram werben z.T. auch für Produkte und sind damit Teil der Werbestrategie der Firmen.

Hier sind Eltern im doppelten Sinne gefordert, einen kühlen Kopf zu bewahren, denn vor allem Kinder unter zehn Jahren können noch nicht klar erkennen, dass die Werbung nur dazu dient, bei ihnen den Wunsch nach den Produkten zu wecken und ihre Eltern zum Kauf zu veranlassen.

Für viele Kinderlebensmittel lassen sich Alternativen finden, die günstige Zutaten wie zum Beispiel frische Früchte oder Vollkorngetreide enthalten, weniger Zuckerzusatz haben, auf Zusatzstoffe verzichten oder einfach preiswerter sind. Als Alternative für spezielle Kinderwurst empfehlen wir eher einen Bratenaufschnitt, da er weniger Fett enthält. Noch besser ist es, wenn nicht jeden Tag ein Fleischaufschnitt aufs Brot kommt. (Leckere pikante Brotaufstriche → Seite 108, 114, 118 f.)

Bei den speziell für Kinder angebotenen Schokoladen fällt es dagegen schwer, Alternativen anzubieten. Wichtig ist, diese als Süßigkeiten mit hohen Zucker- und Fettgehalten anzusehen und weniger als wertvolle Quelle für Kalzium durch enthaltenes Milchpulver.

Nach der Ernährungspyramide (→ Seite 31) ist eine Portion Süßes oder ein Snack erlaubt und sollte dann ein Genuss sein.

Gute Alternativen zu Kinderlebensmitteln

KINDERLEBENSMITTEL	ALTERNATIVE	VORTEIL
Frühstückscerealien	Selbst gemacht: Knuspermüsli (→ Seite 123)	Zuckergehalt wird selbst bestimmt, Vollkornanteil je nach Zutaten hoch, frische Früchte oder Trockenfrüchte enthalten
Milchprodukte, Joghurts, Quark, Trinkjoghurt	Selbst gemacht: Apfel-Quark-Auflauf (→ Seite 191), Joghurt oder Quark mit frischen Früchten, Milchshake mit Banane und Joghurt	Zuckergehalt wird selbst bestimmt, frische Früchte, Joghurt und Quark ohne Zucker und ohne Aromen, keine weiteren Zusatzstoffe
Kakao, trinkfertig	Selbst gemacht: gekochter Kakao mit reinem Kakaopulver und wenig Zucker	Zuckergehalt wird selbst bestimmt, Kakaogeschmack stärker
Bärchenwurst, Teewurst, Leberwurst	Aufschnitt aus Muskelfleisch, z.B. Schweinebratenaufschnitt, oder Aufschnitt von Geflügelbrust, evtl. mit Rohkoststreifen bunt belegt, Selbst gemacht: pikante Brotaufstriche (→ Seite 108, 114, 118 f.)	geringer Fettgehalt
Süße Schnitten, Riegel und Snacks	Selbst gemacht: Vollkornwaffelherzen, Nussecken, Muffins (→ Seite 207)	Zuckergehalt wird selbst bestimmt, Ballaststoffanteil höher, keine Zusatzstoffe, Vorrat kann eingefroren werden

Werbeaussagen

Was die Werbeaussagen betrifft, wurden in der EU klare Regelungen getroffen, sodass heute nur noch mit Aussagen geworben werden darf, die durch wissenschaftliche Studien belegt und erlaubt sind. Der Hersteller eines Kinderquarks, dem Kalzium und Vitamin D zugesetzt wurden, kann zum Beispiel werben mit: „Kalzium und Vitamin D werden für ein gesundes Wachstum und eine gesunde Entwicklung der Knochen benötigt." Diese Aussage ist nach der Verordnung erlaubt. Er darf aber nicht sagen: „Kalzium ist gut für die Nervenzellen." Hat ein Produkt keinen Bezug zur Entwicklung und Gesundheit von Kindern, kann natürlich weiterhin mit Zutaten wie Vollkorn, Getreide, Fruchtzucker, Früchten etc. geworben werden.

Die Einhaltung dieser Vorgaben der EU bezüglich der Werbeaussagen im Blick zu halten, ist u.a. Aufgabe der Verbraucherzentralen. Im Portal Lebensmittelklarheit finden Sie Informationen rund um die Kennzeichnung und können Produkte melden, bei denen Sie sich getäuscht fühlen: www.lebensmittelklarheit.de.

In Fernsehspots oder Anzeigen bezieht man gern Erwachsene ein – die Hersteller argumentieren dann, dass die Werbung nicht speziell nur an Kinder gerichtet sei. Dadurch versuchen sie, Vorwürfe der direkten Werbung an Kinder zu entkräften. Eigentlich haben sich nämlich einige große Lebensmittelkonzerne im sogenannten EU-Pledge, www.eu-pledge.eu, verpflichtet, keine Werbung für unausgewogene Produkte an Kinder unter zwölf Jahren zu richten. Schaut man sich die Werbung für die entsprechenden Produkte an, bekommt man allerdings einen anderen Eindruck.

Fazit

Kinderlebensmittel bieten keine Vorteile und sind überflüssig. Nicht die Art der Lebensmittel macht den Unterschied in der Ernährung zwischen Kindern und Erwachsenen, sondern allein die Menge. Eine vielseitige, ausgewogene Kost mit normalen, natürlichen Lebensmitteln versorgt uns mit allen notwendigen Nährstoffen.

Die Informationen in diesem Kapitel sollen Ihnen helfen, eine vernünftige Entscheidung zu treffen und mit gutem Gewissen zu den richtigen Lebensmitteln zu greifen. Wir empfehlen: Werfen Sie einen kritischen Blick auf die Zutatenliste oder vergleichen Sie die am Regal angegebenen Grundpreise für die einzelnen Produkte. Häufig können Sie für Ihre Kinder zu Hause selbst schnell ein ansprechendes Dessert oder Gericht zusammenstellen und damit für Spaß am Essen und Trinken sorgen. Unsere Rezepte (→ Seite 103 f.) geben Anregungen dafür.

Kinderlebensmittel ...

- bieten keine Vorteile gegenüber anderen Lebensmitteln,
- sind nicht besonders für Kinder geeignet,
- halten nicht, was sie versprechen,
- wecken die unnötige Kauflust und Neugierde bei Kindern,
- enthalten häufig viel Zucker,
- sind oft teurer,
- sind überflüssig.

Mit Aromen angereichert

Ob Süßigkeit, Milchprodukt, Getränk oder Fertiggericht– eine Vielzahl von Lebensmitteln wird mit Aromen aufgepeppt. Anhand der Zutatenliste können Sie erkennen, um welche Art von Aromen es sich handelt.

Beispiel Erdbeerjoghurt – Bezeichnungen in der Zutatenliste

- „Natürliches Erdbeeraroma": Aroma stammt zu 95 Prozent aus der genannten Frucht, hier Erdbeere.
- „Natürliche Aromen": Aromen, die aus unterschiedlichen Ausgangsstoffen hergestellt wurden, zum Beispiel aus Pflanzen oder Mikroorganismen; manchmal wird die Geschmacksrichtung, hier „Erdbeere", in Klammern dahinter genannt.
- „Aroma": Synthetisch hergestelltes Aroma; auf dem Erdbeerjoghurt könnte aber auch „Erdbeeraroma" stehen. Im Vergleich zu oben fehlt dann nur das Wort „natürlich", aber der Unterschied ist groß.

Zwar sind alle zulässigen Aromen gesundheitlich unbedenklich, trotzdem haben sie unserer Meinung nach in Lebensmitteln für Kinder nichts zu suchen. Kinder lernen so nicht den natürlichen Geschmack von Lebensmitteln kennen und gewöhnen sich an die eingesetzten Aromen. Der Vorliebe für solche Geschmacksrichtungen, zum Beispiel Vanille, lässt sich dann kaum mit echter Vanille entsprechen.

Besonders Vanille findet sich als Geschmacksrichtung in zahlreichen Zubereitungen für Säuglinge und Kleinkinder und auch in anderen Milchprodukten.

 ACHTUNG

Die Prägung des Geschmacks der Kleinen geht durch den Einsatz der Aromen in Richtung der industriell erzeugten Lebensmittel.

„Was bedeutet *ohne Zusatzstoffe?*"

Lebensmittelproduzenten verzichten, so steht es auf den Verpackungen, häufiger auf Zusatzstoffe wie Geschmacksverstärker oder künstliche Aromen und wollen so ihren Produkten mittels *Clean Labels* ein natürliches Image geben. Häufig werden jedoch Stoffe eingesetzt, die eine ähnliche Wirkung haben, jedoch nicht als Zusatzstoffe gekennzeichnet werden müssen. Wird beispielsweise auf den Geschmacksverstärker Glutamat verzichtet, können stattdessen Hefeextrakte als geschmacksverstärkende Zutaten zugesetzt sein. Diese enthalten auch Glutamat, was jedoch nicht angegeben werden muss. Der scheinbare Verzicht auf Zusatzstoffe ist eher eine Produktwerbung als -verbesserung und hält oft nicht, was er verspricht.

Mit Kindern unterwegs

Kinder haben im Verhältnis zu Erwachsenen einen höheren Energiebedarf. Das heiß pro Kilogramm Körpergewicht brauchen sie mehr Kalorien. Trotzdem kommen sie meist problemlos zwei Stunden ohne Essen aus. Beispielsweise reicht nach einem Frühstück zu Hause als Zwischenmahlzeit etwas Rohkost/Obst und ein kleines Brot, um die Zeit bis zum Mittagessen zu überbrücken. Die ständige Verfügbarkeit von Snacks und Getränken in Form von eigens dafür kreierten Kinderlebensmitteln, verlockt Sie als Eltern sehr, Ihrem quengelnden Kind nachzugeben. Allerdings fördert dies das Essen aus Langeweile. Essen wird zur Nebenbei-Beschäftigung und als Ablenkung benutzt. Trauen Sie sich ruhig auch mal, einen Spaziergang ohne Proviant anzutreten, dann ist der Hunger auf die nächste Mahlzeit umso größer.

Restaurantbesuch mit Kindern

Ein Restaurantbesuch ist ein Erlebnis für Kinder und daher sollte es eigentlich auch etwas Besonderes auf dem Teller geben. Wenn Eltern mit ihren Kindern auswärts essen, stoßen sie aber häufig auf ein fantasieloses Angebot. Während die Erwachsenen zwischen Gerichten mit unterschiedlichen Fleisch- und Fischsorten, Beilagen wie Salzkartoffeln, Reis, Nudeln, Rösti oder Bratkartoffeln, Gemüse oder Salatvariationen wählen können, gibt es für die Kleinen oft nur panierte und frittierte Einheitskost. Dabei empfiehlt der Hotel- und Gaststättenverband das besondere Engagement für die kleinen Gäste, weil es sich am Ende auszahlt.

Eine kinderfreundliche Gastronomie sollte ein kulinarisches Erlebnis sein, bei dem Kinder auch regionale und saisonale Gerichte kennenlernen. Die kleinen Gäste von heute sind vielleicht die großen Gäste von morgen und zufriedene Eltern mit glücklichen Kindern kommen gerne wieder.

Unserer Meinung nach könnte das Angebot von speziellen Kindertellern besser sein: Kaum ein Kindermenü ist als ausgewogene Mahlzeit anzusehen. Nur selten ist Frisches wie Salat oder Gemüse enthalten, dafür aber reichlich paniertes Fleisch oder Fisch und frittierte Kartoffelprodukte. Warum soll es für Kinder nicht auch eine Gemüse- oder Salatbeilage, möglichst aus der Saison, oder regionale Gerichte geben, so wie es bei Erwachsenen selbstverständlich ist? Natürlich sind manche Kinder Salat- und Gemüsemuffel, doch je häufiger man Salat und Gemüse anbietet, desto eher gewöhnt sich der Kindergaumen an den Geschmack.

Tipps für den Restaurantbesuch:

- Fragen Sie im Restaurant nach einer kleinen Portion aus der normalen Speisekarte, wenn die Kinderkarte hauptsächlich Paniertes und Frittiertes aufweist. Lässt sich ein Restaurant darauf ein, werden Sie auch gern wieder dort essen.
- Sicherlich kann es auch das ein oder andere Mal Pommes oder paniertes Fleisch für die Kleinen geben. Fragen Sie dann aber nach einer frischen Beilage wie Salat oder Rohkost.
- Häufig gibt es bei kompletten Menüs auch Softdrinks zur Auswahl. Grundsätzlich als Getränk empfehlenswert ist Wasser oder eine Saftschorle. Gesüßte Softdrinks stillen den Hunger schon vorab, und das bestellte Essen landet dann vielleicht im Müll. Achten Sie hier auf die kindgerechte Größe des servierten Getränks.
- Im Fast-Food-Restaurant entsteht viel Verpackungsmüll. Planen Sie einen solchen Besuch nicht zu häufig oder nur für den Fall ein, wenn Sie wirklich unterwegs sind und verpacktes Essen brauchen.

Die Küche: Gut geplant
ist halb gekocht

Auch wenn für Sie sicher nicht alles neu ist, wecken
unsere Tipps rund um eine ausgewogene Kinderernährung bei Ihnen vielleicht den Wunsch nach Ver-
änderung. Der Erfolg ist am größten, wenn Sie in kleinen
Schritten vorgehen. Denn alle Familienmitglieder lieben
ihre Gewohnheiten und haben ihre Lieblingsspeisen.
Besprechen Sie mit Ihrer Familie behutsam Ihre Ideen
und beziehen Sie die Kinder mit ein: durch Fragen, was
sie gerne noch mal essen möchten, durch Kochen von
Lieblingsgerichten – und durch Überraschungen.

Der Einkauf: Wie oft, wann und wo?

Alle Lebensmittel, die Sie für unsere Rezepte benötigen, sind in der Regel im Handel erhältlich. Vollkornnudeln und Vollkornreis finden sich dort ebenso wie Vollkornmehl aus Weizen, Dinkel oder Roggen oder auch Mehl aus Hülsenfrüchten. Manche Zutaten, wie zum Beispiel Getreideschrot finden Sie eher im Naturkostladen oder Reformhaus. Kaufen Sie Gemüse und Obst möglichst nach der Saison. Ein Saisonkalender erleichtert Ihnen die Auswahl nach Jahreszeit und garantiert die Abwechslung auf dem Teller. Sie finden die Übersicht unter www.verbraucher-zentrale.nrw/saisonkalender-obst-und-gemuese. Der Saisonkalender enthält Angaben zu den bei uns üblicherweise gehandelten Obst- und Gemüsesorten.

Unser Einkaufsplan auf → Seite 93 erleichtert Ihnen den Einkauf: Von den haltbaren Lebensmitteln wird ein Vorrat angelegt, frische Dinge müssen zwei- bis dreimal pro Woche eingekauft werden.

Lebensmittel nachhaltig auswählen

Nachhaltig einzukaufen bedeutet, nach ökologischen, ökonomischen und gesellschaftlichen Kriterien Produkte auszuwählen. Unser Einkaufsverhalten soll die Ernährungsgrundlagen künftiger Generationen nicht gefährden.

Die Grundsätze für nachhaltiges Einkaufen lauten:

- Wählen Sie ökologisch erzeugte Lebensmittel.
- Entscheiden Sie sich möglichst für regionale und saisonale Produkte.
- Essen Sie selten Fleisch und Wurst, dafür aber artgerecht erzeugte Produkte.
- Kaufen Sie gering bzw. mäßig verarbeitete Lebensmittel.
- Achten Sie auf umweltverträglich verpackte Erzeugnisse.
- Unterstützen Sie mit Ihrem Kauf sozialverträglich erzeugte Produkte wie zum Beispiel Lebensmittel aus dem fairen Handel.

Orientieren Sie sich beim Einkauf beispielsweise an den Siegeln für faire Lebensmittel, dem Bio-Siegel und dem Regionalfenster.

Weiterführende Informationen finden Sie unter:

www.verbraucherzentrale.de/fairer-handel
www.verbraucherzentrale.de/
kennzeichnung-von-bioprodukten
www.verbraucherzentrale.nrw/
regionale-lebensmittel

Der Vorrats- und Einkaufsplan

Das gehört in Küche und Keller:

- Kartoffeln
- Mehl, Nudeln, Reis
- Hülsenfrüchte (z.B. Linsen, Erbsen, Bohnen, Kichererbsen)
- Getreideflocken, Müsli, Getreideschrot
- Zwieback, Knäckebrot
- Zwiebeln, Knoblauch
- getrocknete Gewürze und Kräuter
- Salz, Pfeffer
- Instant-Gemüsebrühe
- Essig, Öl, Senf
- Nüsse, Sonnenblumenkerne, Sesam- und Leinsamen
- Rosinen und andere Trockenfrüchte
- Konfitüre, Honig, Zucker
- Kekse, Schokolade
- vegetarischer Aufstrich
- Tomatenmark, pürierte Tomaten im Glas oder in der Dose
- Mineralwasser, Tee, Obstsaft

Das gehört in Tiefkühltruhe/-schrank:

- verschiedene Gemüse (z.B. Spinat, Erbsen, Rotkohl, Brokkoli)
- verschiedene Kräuter
- Fleisch
- Fisch
- Brot (maximal 2 Wochen lagern)

Das wird wöchentlich gekauft:

- Milch
- Joghurt, Quark, Schmand, Sahne
- Käse
- Eier
- Butter, Margarine

Das wird frisch und nach Bedarf gekauft:

- Obst
- Gemüse, Salat, Kräuter
- Fleisch, Wurst
- Fisch
- Brot, Brötchen

Einkaufsregeln, die das Leben erleichtern:

- Den Wocheneinkauf nicht zu Stoßzeiten erledigen.
- Einen günstigen Zeitpunkt festlegen, wenn Sie ohne Kinder einkaufen möchten.
- Verlängerte Öffnungszeiten ausnutzen.
- Den Einkaufszettel nach Produktgruppen sortieren und im Laden die Liste nach und nach abhaken.
- Prüfen, ob Lebensmittel teilweise geliefert werden können, zum Beispiel Getränkekästen, Gemüsekisten im Abo.
- Bei Großeinkäufen auf Unterstützung von Familienmitgliedern zurückgreifen.

Tipps für den Einkauf mit Kindern:

- Lassen Sie nach Möglichkeit Ihr Kind den Einkaufszettel schreiben.
- Gehen Sie selbst nicht mit knurrendem Magen und nur mit satten Kindern einkaufen.
- Geben Sie den Kindern kleine Aufträge, Dinge zu suchen oder zu holen.
- Sprechen Sie vor dem Einkauf über eventuelle Wünsche des Kindes und treffen Sie dazu eine Vereinbarung, an die Sie sich beide halten. Dabei sollte jeder einmal Kompromisse eingehen.
- Ein Einkauf auf Markt oder Bauernhof ist für Kinder eher eine Attraktion und findet am Wochenende gemeinsam statt.

Die Hygiene: Mahlzeiten tipptopp zubereitet

Um Lebensmittelinfektionen zu vermeiden, ist Grundwissen zum Umgang, zur Aufbewahrung und zum Kochen von Lebensmitteln gut. Der Verderb von Lebensmitteln wird durch Mikroorganismen (Bakterien, Hefen und Schimmelpilze) hervorgerufen, die überall vorhanden sein können. Sie wachsen oder vermehren sich auf Lebensmitteln, wenn die Bedingungen für sie entsprechend gut sind. Isst oder trinkt man mit diesen Mikroorganismen belastete Lebensmittel, können Durchfall, Erbrechen und ernste Lebensmittelvergiftungen die Folge sein. Kinder und Schwangere zählen zu den sogenannten Risikogruppen und erkranken wesentlich schneller an Lebensmittelinfektionen.

Besonders empfindliche Lebensmittel:
- Fleisch, Geflügel, Wurst, Eier, Milch und (Räucher-)Fisch
- rohe und nicht durchgegarte Fleischgerichte, Rohwurst
- Speisen mit rohen Eiern, wie selbst gemachtes Tiramisu, Mousse au Chocolat oder selbst gemachte Mayonnaise
- Rohkost und abgepackte Schnittsalate
- fertige Mahlzeiten, die nach der Zubereitung nicht genügend gekühlt wurden

Mindesthaltbarkeitsdatum oder Verbrauchsdatum?

Das Mindesthaltbarkeitsdatum (MHD) gibt das Datum an, bis zu dem die Ware bei Einhaltung der angegebenen Lagerbedingungen „mindestens" haltbar ist. Viele Lebensmittel sind aber weitaus länger haltbar und können auch nach Ablauf des Mindesthaltbarkeitsdatums noch gut gegessen werden. Prüfen Sie abgelaufene Lebensmittel nach Geruch, Farbe und Konsistenz und verbrauchen Sie diese dann kurzfristig, wenn sie noch in Ordnung sind.

Ein Verbrauchsdatum („verbrauchen bis") ist für besonders schnell verderbliche, empfindliche Lebensmittel vorgeschrieben – zum Beispiel bei Hackfleisch oder frischem Fisch. Hier kann nach Ablauf des Datums eine Gesundheitsgefahr durch Keime entstehen; deshalb darf das Lebensmittel dann nicht mehr gegessen werden. Diese Lebensmittel so schnell wie möglich, auf jeden Fall bevor das Verbrauchsdatum erreicht ist, verzehren.

10 Hygieneregeln für Einkauf, Lagerung und Zubereitung

Beim Einkaufen auf die Kühlkette achten.

Transportieren Sie Lebensmittel, die gekühlt werden müssen, rasch nach Hause und lagern Sie sie sofort im Kühlschrank oder Tiefkühlfach. Empfehlenswert ist , für den Transport Kühl- bzw. Isoliertaschen zu nutzen.

Den Kühlschrank richtig befüllen.

Überprüfen Sie die Temperatur in Ihrem Kühlschrank und beachten Sie die unterschiedlichen Temperaturzonen. Das Mindesthaltbarkeitsdatum für zu kühlende Lebensmittel bezieht sich meist auf einen Bereich zwischen 6 und 8 °C. Manche Produkte, zum Beispiel vorverpacktes Hackfleisch, haben ein Verbrauchsdatum und dürfen nur bei maximal 2 °C lagern.

Fleischgerichte durchgaren.

Erhitzen Sie Geflügel und Fleischgerichte unbedingt ausreichend, bis der austretende Fleischsaft klar ist und das Fleisch eine weißliche (Geflügel), graurosafarbene (Schwein) oder graubraune Farbe (Rind) angenommen hat. Im Inneren des Lebensmittels müssen mindestens 70 °C für zwei Minuten erreicht werden. Rohes Fleisch, wie zum Beispiel Tartar, ist für Schwangere und Kinder tabu.

Produkte richtig auftauen.

Tauen Sie tiefgefrorenes Fleisch und Geflügel im Kühlschrank auf und schütten Sie die Auftauflüssigkeit weg. Die Flüssigkeit darf nicht auf rohe, nicht mehr erhitzbare Speisen wie Salat tropfen.

Hände waschen nicht vergessen.

Waschen Sie sich vor der Zubereitung von Speisen die Hände – insbesondere im Umgang mit rohem Fleisch oder Geflügel. Reinigen Sie zudem die Gerätschaften, die mit Fleisch, Fisch, Geflügel oder rohen Eiern in Kontakt gekommen sind, sofort mit heißem Wasser und Spülmittel.

Küchenutensilien pflegen.

Reinigen Sie vor allem Schneidebretter gründlich und tauschen sie zerkratzte Schneidebretter aus. In der Profiküche werden unterschiedliche Bretter für Fleisch, Gemüse und Obst verwendet.

Empfindliche Speisen schnell kühl stellen.

Stellen Sie Speisen, die rohe Eier enthalten, zum Beispiel Tiramisu, Mousse au Chocolat oder Zabaione, sofort nach der Zubereitung in den Kühlschrank und bewahren Sie sie maximal 24 Stunden auf. Risikogruppen wie ältere Menschen, kleine Kinder oder Schwangere sollten auf Speisen mit rohen Eiern besser verzichten.

Spülutensilien häufig waschen.

Wechseln Sie häufig Spüllappen, -bürste und Handtücher aus. Spüllappen und Handtücher waschen Sie bei 60 °C. Spülbürsten wandern regelmäßig in die Spülmaschine. Spülschwämme sind eher nicht zu empfehlen, da sie einen guten Nährboden für Mikroorganismen darstellen und schnell verkeimen.

Haustiere fernhalten.

Halten Sie Haustiere von Lebensmitteln fern und streicheln Sie sie nicht während der Speisenzubereitung oder beim Essen.

TK-Beeren vor dem Verzehr erhitzen.

Verarbeiten Sie keine tiefgekühlten Beeren, die nicht mehr erhitzt werden. Denn gefrorene Beeren können zum Beispiel mit Noroviren belastet sein. Greifen Sie deshalb auf saisonale Früchte zurück oder erhitzen Sie die Beeren ausreichend, bevor sie wieder gekühlt werden oder in Gerichte wie Desserts wandern.

Täglich kochen: kreativ und durchdacht

Sie können der täglichen Frage „Was kochen wir heute?" entgehen und viel Zeit sparen, wenn Sie für eine Woche im Voraus planen, was gekocht werden soll. Überlegen Sie – am besten mit der ganzen Familie –, was in den nächsten Tagen auf den Tisch kommen soll. Jedes Familienmitglied hat so die Möglichkeit zur Mitsprache, kann ein Wunschessen einplanen und wird den Rest der Woche (hoffentlich!) nicht meckern.

Lassen Sie sich durch Kochbücher, Ihre Vorräte oder durch Gemüse, das gerade Saison hat, inspirieren. Sie können auch die Wochentage vergeben: Montag ist Reistag, Dienstag ist Nudeltag, Mittwoch ist Kartoffeltag, Donnerstag ist Getreidetag, Freitag ist Fischtag, Samstag ist Suppentag und Sonntag ist Fleischtag. Oder Sie kochen einzelne Zutaten für drei Tage vor, wie zum Beispiel Pellkartoffeln und verarbeiten diese dann an den nächsten Tagen in Auflauf und Salat.

→ TIPP
Ein Familienordner mit Lieblingsrezepten erleichtert die Auswahl.

Vorschläge für die Zubereitung

Vitamine reagieren empfindlich auf Licht, Luft und Hitze. Dadurch nimmt bei der Lagerung und bei jedem Verarbeitungsschritt der Vitamingehalt von Obst, Gemüse und Kartoffeln ab. Auch Schälen reduziert oft den Gehalt wichtiger Inhaltsstoffe.

So können Sie Verluste vermeiden bzw. verringern:

- Lagern Sie gekauftes Gemüse und Obst nicht zu lange zu Hause.
- Waschen Sie Obst und Gemüse gründlich und unzerkleinert, wässern Sie es nicht und lassen Sie es zerkleinert nicht lange herumstehen.
- Bereiten Sie Rohkostsalate immer erst kurz vor den Mahlzeiten zu.
- Kochen Sie Gemüse nicht, sondern dünsten oder dämpfen Sie es kurz in wenig Wasser bei geschlossenem Deckel oder in einem Dämpfeinsatz.
- Halten Sie gegartes Gemüse nie warm (besser schnell abkühlen, im Kühlschrank lagern und aufwärmen).
- Garen Sie Kartoffeln als Pellkartoffeln.

Als wichtiger Nährstoff und als Träger von Geschmacksstoffen hat die Verwendung von Fett auf jeden Fall ihre Berechtigung. Aufgrund seines hohen Energiegehalts sollten Sie Fett aber bewusst und sparsam verwenden:

• Beim Garen im Backofen, Grill und Römertopf verzichten Sie ganz auf Bratfett.

• Messen Sie beim Dünsten oder Braten das Fett immer ab, zum Beispiel in Esslöffeln.
• Gehen Sie mit Sahne und Crème fraîche in Suppen und Soßen sparsam um.
• Sahne, Mayonnaise, Crème fraîche und Ähnliches können gut mit Joghurt gestreckt werden.

5 Zeitspartipps

❶ Kartoffeln – die doppelte Menge als Pellkartoffeln garen
Am ersten Tag gibt es Pellkartoffeln mit Quark und am zweiten Tag Bratkartoffeln, Kartoffelgratin oder Kartoffelsalat.

❷ Nudeln – die doppelte Menge kochen
Am ersten Tag gibt es Nudeln mit Soße und am zweiten Tag sind die Nudeln Bestandteil eines Gemüseauflaufs.

❸ Reis – ein ganzes Kilo kochen
Die am ersten Tag nicht benötigte Menge wird eingefroren oder für den nächsten Tag in den Kühlschrank gestellt. Eingefrorener Reis wird nach dem Auftauen mit Zwiebeln in Butter oder Öl angebraten und zu Gemüse oder Soße serviert.

❹ Auf Vorrat kochen und backen – und dann einfrieren
• Eintopfgerichte
• Tomatensoßen
• Fleisch- und Fischspeisen
• Getreidegerichte
• Gemüsegerichte
Wenig geeignet zum Einfrieren sind Pell- und Salzkartoffeln.

❺ Tiefkühlkost verwenden
Tiefkühlprodukte erleichtern die Zubereitung einer warmen Mahlzeit, wenn die Zeit knapp ist. Achten Sie allerdings auf die Zutatenliste. Empfehlenswert sind Produkte ohne weitere Zutaten, zum Beispiel Gemüse ohne Rahm, Obst ohne Zucker, Fleisch und Fisch ohne Panade, Füllung oder Soße.

Kinder helfen in der Küche

Vielen Eltern erscheint es leichter, das Kochen allein zu übernehmen statt ihre Kinder daran zu beteiligen. Aber es lohnt sich auf jeden Fall, Kinder schon früh mit kleinen Aufgaben zu betrauen. Sicherlich macht dies anfangs etwas Mühe und erfordert viel Geduld – ganz abgesehen von der Sorge, dass das Kind sich schneiden, verbrennen oder anders verletzen könnte. Aber so lernen die Kinder frühzeitig und praktisch die Lebensmittel und ihre Verwendung und Zubereitung in der Küche kennen. Außerdem üben sie, mit Messer und Küchengeräten umzugehen. Wenn sie dabei nicht nur „Handlanger" sind, sondern gleichzeitig Verantwortung für einen Teilbereich übernehmen, wird ihre Mithilfe mit der Zeit eine Entlastung. Das Wichtigste ist natürlich, dass die Kinder Spaß daran haben!

Das können Kinder je nach Alter tun:
- Einkaufsliste führen
- allein einkaufen (Bäcker) oder gemeinsam einkaufen (Produkte im Supermarkt holen) gehen
- Zutatenlisten auf Verpackungen „studieren"
- die Einkaufstasche ausräumen
- Kuchen oder Plätzchen backen (Zutaten wiegen, Teig zubereiten)
- Obst, Gemüse oder Salat waschen
- Desserts, Obstsalat, Rohkost zubereiten (rühren, schneiden)
- Kräuter ziehen, pflegen und ernten
- im Garten ein eigenes Gemüsebeet betreuen
- Pizza, Kuchen usw. belegen
- Tisch decken und schmücken
- Getränke einschenken
- kleine Dinge suchen oder bringen
- spülen und abtrocknen
- einen Speiseplan erstellen (für den Geburtstag eines Familienmitglieds, für einen Sonntag usw.)

EXKURS

Lebensmittelabfälle

Rund 80 Kilogramm Lebensmittelabfälle entstehen in unseren Haushalten pro Person und Jahr. Eine ganze Menge, wenn man das zum Beispiel für einen 4-Personen-Haushalt hochrechnet. So stellt sich die Frage: Welche Abfälle sind vermeidbar und welche nicht?

Unvermeidbar sind Abfälle wie zum Beispiel Kartoffelschalen, der Strunk von Kohl, Bananenschalen oder Knochen. Vermeidbar sind hingegen ca. zwei Drittel der 80 Kilogramm Abfall pro Person und Jahr. Wenn Sie unsere Tipps für den planvollen Einkauf, die Lagerung, Vorratshaltung und Zubereitung beachten, tun Sie bereits eine Menge, um Lebensmittelabfälle zu vermeiden. Bei den Rezepten finden Sie zusätzlich bei einigen Gerichten den Hinweis, dass sie einfriertauglich ✳ sind.

So bleiben Reste vom Herd sicher verwahrt und landen wieder auf dem Tisch, wenn an einem Tag die Zeit zum Kochen knapp ist.

Im Ratgeber „Kreative Resteküche" finden Sie weitere Tipps, was sich aus vermeintlich unbrauchbaren Resten alles zaubern lässt, www.ratgeber-verbraucherzentrale.de.

Kochbuch

Kochbuch für Bären

Kochbuch

Rezepte

VOGEL-FUTTER

Allgemeine Hinweise
zu den Rezepten

Portionen

Die Rezepte sind für vier durchschnittlich große Portionen, wenn nicht anders angegeben. Essen kleinere Kinder mit, können Reste entstehen, die Sie in vielen Fällen einfrieren können.

Nährwertangaben

Energie- und Nährwertangaben finden Sie beim jeweiligen Rezept. Wenn nichts anders angegeben, jeweils für eine durchschnittlich große Portion berechnet.

Zeitbedarf

Für die meisten Rezepte brauchen Sie in der Regel nicht mehr als 30 Minuten aktive Vorbereitungszeit. Back- und Garzeiten, in denen Sie nicht anwesend sein müssen, und Zeiten, in denen Sie Ihrem Kind etwas zeigen und erklären, sind nicht mitgerechnet. Wenn Rezepte zeitintensiver sind und eine aktive Vorbereitungszeit von 45–60 Minuten benötigen, sind sie mit ⏱ gekennzeichnet.

Einfriertauglich

Rezepte, die mit * gekennzeichnet sind, lassen sich gut einfrieren.

Backofentemperaturen

In der Regel empfehlen wir für unsere Rezepte das Backen oder Garen mit Umluft, weil die Hitze sich gleichmäßiger im Ofen verteilt. Ein Vorheizen ist dann nicht erforderlich. Die Temperatur beträgt bei Umluft ca. 20 °C weniger als bei Ober- und Unterhitze. Für Brote und Brötchen raten wir zu Ober- und Unterhitze, weil das Gebäck dann nicht zu trocken und die Kruste nicht zu fest wird. Bei Hefeteig können Sie die Aufheizzeit des Ofens als Gehzeit für den Teig nutzen.

Abkürzungen

EL = Esslöffel (gestrichen)
TL = Teelöffel (gestrichen)
Msp. = Messerspitze
Pck. = Päckchen
TK = Tiefkühlkost

Löffelmaße

LEBENSMITTEL	1 TEELÖFFEL (TL) IN GRAMM	1 ESSLÖFFEL (EL) IN GRAMM
Butter	5	10
Crème fraîche	5	15
Essig	5	10
Frischkäse	–	15
Frischkäse, körnig	–	25
Haferflocken	–	10
Haselnusskerne, gemahlen	5	10
Hirsekörner (roh)	–	10
Honig, Ahornsirup	5	10
Kakaopulver	2	5
Käse, gerieben	–	10
Konfitüre	5	10
Kräuter	2	5
Kürbiskerne	–	15
Leinsamen	3	10
Maiskörner (Glas)	–	25
Margarine	5	10
Mehl, Vollkornmehl	3	10

Löffelmaße

LEBENSMITTEL	1 TEELÖFFEL (TL) IN GRAMM	1 ESSLÖFFEL (EL) IN GRAMM
Milch	–	15
Müsli	–	10
Nüsse, gehackt	5	10
Öl	5	10
Parmesan	–	10
Quark, mager	10	25
Rosinen	5	15
Sahne, flüssig	–	10
Sahne, geschlagen	–	15
Salz	5	–
Saure Sahne, Joghurt	–	15
Senf	2	10
Sesamsamen	2	5
Sonnenblumenkerne	–	10
Tomatenmark	5	15
Zucker	5	15

Das Volumen beträgt beim Esslöffel ca. 15 ml und beim Teelöffel ca. 5 ml.

Frühstück

Knusprige Weizenbrötchen

Für 16 Stück

1 Würfel frische Hefe oder 1 ½ Pck. Trockenhefe

350 ml lauwarmes Wasser

2 TL Jodsalz

500 g Weizenvollkornmehl + etwas zum Verarbeiten

Zum Bestreuen:
z.B. Mischung aus je 3 EL Sesam- oder Mohnsamen, Sonnenblumenkernen, Haferflocken, Kümmel

1. Die Hefe im Wasser auflösen, Salz zufügen und Mehl einarbeiten. Die Trockenhefe kann direkt mit den Zutaten gemischt werden. Den Teig einige Minuten kneten (etwas Mehl zum Streuen verwenden) und anschließend ca. 20 Minuten gehen lassen.
2. Eine kleine Schüssel mit kaltem Wasser, einen Backpinsel, ein Backblech mit Backpapier oder Dauerbackfolie sowie die Mischung zum Bestreuen bereitstellen.
3. Den Teig nach dem Ruhen nochmals kräftig durchkneten. Aus dem Teig eine Rolle formen und in 16 Stücke teilen. Die Brötchen formen, mit dem Wasser bestreichen und die Oberfläche in die Streusamen tauchen.
4. Den Backofen auf 200 °C Ober-/Unterhitze vorheizen und eine Schüssel mit 250 ml kaltem Wasser in den Backofen schieben. Die Brötchen auf das vorbereitete Blech setzen, nochmals 20 Minuten gehen lassen und anschließend ca. 20 Minuten backen.

 Pro Stück:
Energie: 125 kcal Fett: 2 g Kohlenhydrate: 21 g
Eiweiß: 5 g Ballaststoffe: 4 g

Würziger Basilikum-Tomatenaufstrich

Für 20 Portionen

50 g getrocknete
Tomaten
½ Bund Basilikum
200 g Frischkäse
100 g Magerquark
Jodsalz
Pfeffer

Die Tomaten kurz mit kochendem Wasser überbrühen, damit sie weich werden. Basilikum und Tomaten fein hacken, mit den übrigen Zutaten verrühren und mit Salz und Pfeffer abschmecken.

→ **Tipp**

Mit Joghurt oder Sahne verdünnt eignet sich der Aufstrich auch als Dip und schmeckt köstlich zu Pellkartoffeln.
Er hält sich im Kühlschrank einige Tage, lässt sich aber auch einfrieren.

 Pro Portion:
Energie: 39 kcal Fett: 3 g Kohlenhydrate: 1 g
Eiweiß: 2 g Ballaststoffe: 0 g

Frisch gebackene Rosinenbrötchen

Für 16 Stück

150 g Magerquark
6 EL Milch, 1,5 % Fett
6 EL Rapsöl
80 g Zucker oder Honig
1 Msp. Vanillepulver
2 Prisen Jodsalz
300 g Mehl (halb Vollkorn- und halb helles Mehl)
2 TL Backpulver
5 EL Rosinen

1. Den Backofen auf 200 °C Ober-/Unterhitze vorheizen. Den Magerquark mit Milch, Öl, Zucker oder Honig, Vanille und Salz verrühren. Mehl und Backpulver zugeben und alles zu einem geschmeidigen Teig kneten. Mit der Hand die Rosinen untermengen und den Teig zu einer Rolle formen. In 16 gleich große Stücke teilen und zu Brötchen formen.
2. Die Brötchen auf ein gefettetes Backblech legen und auf der mittleren Schiene 15–20 Minuten backen.

Vanille: Die Königin der Gewürze

Wenn in unseren Rezepten Vanille als Zutat angegeben ist, meinen wir damit das Vanillepulver, das aus der getrockneten Vanilleschote gemahlen wird. Bei der Verwendung einer ganzen Schote lösen Sie das Mark und die Samen heraus und können die eigentliche Schote dann weiter nutzen. Sie können Sie beispielsweise in ein Schraubglas mit Zucker einlegen, um den Zucker zu aromatisieren. Mit Milch aufgekocht erzeugen Sie ein schönes Vanillearoma für einen Pudding. Da in der Schote der Anteil an Aromen am höchsten ist, kann sie, frisch oder getrocknet, auch zerkleinert und für Süßspeisen verwendet werden.

 Pro Stück:
Energie: 139 kcal Fett: 4 g Kohlenhydrate: 21 g
Eiweiß: 4 g Ballaststoffe: 1 g

Saftige Möhrenbrötchen

Für 20 Stück

1 Würfel frische Hefe
oder 2 Pck. Trockenhefe
450 ml lauwarmes
Wasser oder Buttermilch
2 ½ TL Jodsalz
1 EL Honig
500 g Weizenvoll-
kornmehl
200 g Roggenvoll-
kornmehl
500 g Möhren
3 EL Rosinen

1. Die Hefe in etwas Wasser auflösen und das restliche Wasser oder Buttermilch zufügen. Zunächst Salz und Honig zugeben, dann nach und nach das Mehl. Die Trockenhefe kann direkt mit dem Mehl zum Wasser gegeben werden. Mit den Knethaken der Küchenma-schine gut durchkneten. 15–20 Minuten gehen lassen.
2. Den Backofen auf 200 °C Ober-/Unterhitze vorheizen und die Möhren schälen, fein reiben und mit den Rosi-nen zum Teig geben.
3. Da der Teig sehr feucht ist, am besten in einer Muf-fin-Backform backen. Oder mit einem Löffel auf das Blech setzen. Noch einmal 10 Minuten gehen lassen und die Brötchen anschließend ca. 20 Minuten backen.

→ **Variante**

Statt der Rosinen können Sie getrocknete Aprikosen, ge-hackte Nüsse oder Sesamsamen zugeben.

 Pro Stück:
Energie: 131 kcal Fett: 1 g Kohlenhydrate: 26 g
Eiweiß: 5 g Ballaststoffe: 5 g

Selbst gebackene Müslibrötchen

Für 24 Stück

80 g Butter oder
Margarine
50 g Zucker
400 g Weizen- oder
Dinkelvollkornmehl
2 TL Backpulver
1 TL Jodsalz
300 ml Buttermilch +
etwas zum
Bestreichen
100 g Müslimischung +
etwas zum Bestreuen

1. Den Backofen auf 200 °C Ober-/Unterhitze vorheizen. Die weiche Butter oder Margarine mit dem Zucker verrühren. Das Mehl mit Backpulver, Salz und Buttermilch unterheben und anschließend die Müslimischung einrühren.
2. Den Teig mit feuchten Händen zu 24 Brötchen formen oder in eine Muffin-Backform füllen. Die Oberfläche mit dem Löffel etwas glätten, mit etwas Buttermilch bestreichen und mit Müsli bestreuen. 15–20 Minuten im Ofen backen.

→ **Tipp**

Die Brötchen schmecken besonders gut, wenn sie noch warm sind. Sie sind auch mit Konfitüre sehr lecker oder eignen sich als Gebäck für den Nachmittag.

 Pro Stück:
Energie: 104 kcal Fett: 4 g Kohlenhydrate: 15 g
Eiweiß: 3 g Ballaststoffe: 2 g

Schnelle Paprikacreme

Für 20 Portionen

1 gelbe Paprika
1 rote Paprika
100 g Frischkäse
100 g Magerquark
2 EL Ajvar (Paprika-
Auberginen-Paste)
Jodsalz
Pfeffer

Die Paprikaschoten waschen, von Samen und Scheidewänden befreien und in kleine Würfel schneiden. Die übrigen Zutaten verrühren, Paprika zugeben und mit Salz und Pfeffer abschmecken.

 Pro Portion:
Energie: 28 kcal Fett: 2 g Kohlenhydrate: 2 g
Eiweiß: 2 g Ballaststoffe: 1 g

Apfel-Curry-Brotaufstrich

Für 20 Portionen

2 Äpfel (ca. 300 g)
etwas Zitronensaft
4 Frühlingszwiebeln
200 g Frischkäse
1 TL Currypulver
Pfeffer

1. Die Äpfel raspeln und mit Zitronensaft beträufeln. Die Frühlingszwiebeln putzen und in feine Ringe schneiden.
2. Beides mit dem Frischkäse vermischen und mit Curry, Zitronensaft und Pfeffer abschmecken.

 Pro Portion:
Energie: 44 kcal Fett: 3 g Kohlenhydrate: 3 g
Eiweiß: 1 g Ballaststoffe: 0 g

Früchtebrot mit Mandeln

Für 30 Scheiben

600 g säuerliche Äpfel
(z.B. Boskoop)
100 g Zucker oder Honig
1 EL Zitronensaft
200 g gemischtes
Trockenobst (z.B. Apriko-
sen, Pflaumen, Rosinen)
200 g Mandeln, ganz
oder gehackt
400 g Weizenvoll-
kornmehl
1 Pck. Backpulver
½ TL Zimt
1 Prise Nelken
100 ml Apfelsaft

1. Am Vortag die Äpfel waschen und grob raspeln, mit Zucker oder Honig und Zitronensaft vermischen und eine
   Nacht im Kühlschrank ziehen lassen.
2. Am nächsten Tag das Trockenobst klein schneiden und
   mit den weiteren Zutaten zu den Äpfeln geben. Alles
   sorgfältig vermischen.
3. Eine Kastenform mit Backpapier auslegen und den
   Teig hineingeben. Die Oberfläche mit nassen Händen
   glatt streichen.
4. Das Brot in den kalten Backofen schieben und auf der
   zweiten Schiene von unten bei 200 °C Ober-/Unter-
   hitze 45–60 Minuten backen.

→ **Wichtig**
Die Äpfel sollten am Vorabend geraspelt werden!

 Pro Scheibe:
Energie: 124 kcal Fett: 4 g Kohlenhydrate: 18 g
Eiweiß: 4 g Ballaststoffe: 4 g

Blitzbrot mit Kernen und Saaten

Für 20 Scheiben

1 Würfel frische Hefe
oder 2 Pck. Trockenhefe
500 ml lauwarmes
Wasser
400 g Weizenvoll-
kornmehl
100 g Buchweizenmehl
80 g Leinsamen
80 g Sesamsamen
80 g Sonnenblumen-
kerne
2 TL Jodsalz
2 EL Obstessig
1 EL Rapsöl

Zum Bestreuen:
Sesam- oder Leinsamen
nach Belieben

1. Den Backofen auf 200 °C Ober-/Unterhitze vorheizen. Die Hefe im lauwarmen Wasser auflösen und mit den übrigen Zutaten kräftig durchkneten. Die Trockenhefe kann direkt mit den Zutaten gemischt werden.
2. Eine Kastenform einfetten und nach Belieben mit Sesam- oder Leinsamen ausstreuen. Den Teig hineinfüllen, 30 Minuten gehen lassen und im heißen Ofen ca. 60 Minuten backen.

→ **Variante**
Das Weizenvollkornmehl können Sie durch Dinkelvoll-kornmehl und das Buchweizenmehl durch Weizenmehl ersetzen.

 Pro Scheibe:
Energie: 149 kcal · Fett: 6 g Kohlenhydrate: 19 g
Eiweiß: 6 g Ballaststoffe: 4 g

Möhren-Hummus

300 g Möhren
1 Zwiebel
1 EL Rapsöl
50 g Sonnenblumen-
kerne
ca. 260 g Kichererbsen
(Dose)
3–4 getrocknete Datteln
1 kleine Knoblauchzehe
3 TL Zitronensaft
Jodsalz
Pfeffer

1. Möhren und Zwiebel schälen und klein schneiden. In Öl ca. 10 Minuten andünsten und beiseitestellen. Die Sonnenblumenkerne behutsam in einer Pfanne rösten und abkühlen lassen. Die Kichererbsen in ein Sieb geben und abspülen. Die Datteln klein schneiden. Den Knoblauch schälen und in grobe Stücke schneiden.
2. Die Möhren mit Zwiebeln, Sonnenblumenkernen, Kichererbsen, Datteln, Knoblauch und Zitronensaft pürieren. Mit Salz und Pfeffer würzen. Evtl. etwas Wasser zugeben, wenn die Masse zu fest ist.

→ Tipp
Das Möhren-Hummus hält sich im Kühlschrank einige Tage, eignet sich aber auch zum Einfrieren.

→ Variante
Der Aufstrich schmeckt auch gut mit frischem Ingwer. Anstatt der Datteln können Sie getrocknete Feigen oder Aprikosen verwenden. Wenn Sie die Feigen und Aprikosen in etwas warmem Wasser einweichen, lassen sie sich besser pürieren.

Energie: 42 kcal Fett: 2 g Kohlenhydrate: 5 g
Eiweiß: 2 g Ballaststoffe: 1 g

Avocadocreme

1 Knoblauchzehe
1 reife Avocado
3 EL Zitronensaft
2 EL Joghurt, 1,5 % Fett
Jodsalz
Pfeffer

Den Knoblauch schälen. Die Avocado halbieren, das Fruchtfleisch herauslösen und in ein hohes Gefäß füllen. Mit Knoblauch, Zitronensaft, Joghurt, Salz und Pfeffer mit einem Pürierstab pürieren, bis die Masse schön cremig ist.

→ **Variante**
Die Creme gelingt auch, wenn man die Avocado mit der Gabel zerdrückt und den Knoblauch durch die Knoblauchpresse gibt, sie muss nicht zwingend püriert werden.

ⓘ Energie: 78 kcal Fett: 7 g Kohlenhydrate: 3 g
Eiweiß: 1 g Ballaststoffe: 2 g

Nuss-Nougatcreme

Für 20 Portionen

100 g gemahlene Nüsse
(z.B. Haselnusskerne
oder Mandeln)
100 g weiche Butter oder
Margarine
2 EL Kakaopulver
1 EL Honig
1 Msp. Vanillepulver
(→ Seite 110)

1. Die Nüsse behutsam ohne Fett in einer Pfanne rösten.
2. Die Butter oder Margarine schaumig rühren.
3. Nüsse, Kakao und Honig zufügen, mit Vanille abschmecken und die Creme gut vermischen.

→ **Tipp**
*Die Creme hält sich im Kühlschrank einige Tage, eignet
sich aber auch zum Einfrieren.*

 Pro Portion:
Energie: 75 kcal Fett: 7 g Kohlenhydrate: 1 g
Eiweiß: 1 g Ballaststoffe: 1 g

Müslimischung

Grundrezept

Für 35 Portionen

500 g Getreideflocken
(Weizen, Hafer, Gerste,
Hirse)
100 g Sonnenblumen-
kerne
100 g Leinsamen
100 g Sesamsamen
150 g Rosinen
50 g Kürbiskerne

Außerdem:
gehackte Nüsse und/
oder Kokosflocken nach
Belieben

1. Alle Zutaten mischen und nach Belieben gehackte Nüsse und/oder Kokosflocken zufügen.
2. Das Müsli in eine Vorratsdose oder ein Schraubdeckelglas füllen.

Pro Portion:
Energie: 111 kcal Fett: 4 g Kohlenhydrate: 13 g
Eiweiß: 4 g Ballaststoffe: 3 g

Knuspermüsli

Für 12 Portionen

200 g kernige Hafer-
flocken
50 g Sonnenblumen-
kerne
50 g Kokosraspeln
50 g gehackte Mandeln
2 Msp. Zimt
2 Msp. Vanillepulver
(→ Seite 110)
2 EL Pflanzenöl
1 EL Honig
6 EL Rosinen

Außerdem:
saisonales Obst nach
Belieben

1. Die Haferflocken mit Sonnenblumenkernen, Kokosraspeln und Mandeln mischen. Zimt und Vanille zufügen.
2. Öl und Honig in einer Pfanne erhitzen und kurz aufkochen. Die Flockenmischung hineingeben und schnell
   unterrühren, dann in ca. 5 Minuten goldgelb rösten.
   Die Rosinen zugeben und unterrühren; bei schwacher
   Hitze 5 Minuten mitrösten. Abkühlen lassen.
3. Das Müsli in einem Schraubdeckelglas aufbewahren
   und nach Belieben vor dem Verzehr noch Obst der Saison zugeben.

→ Tipp
Das Müsli hält sich im Schraubglas einige Wochen.

 Pro Portion:
Energie: 173 kcal Fett: 9 g Kohlenhydrate: 18 g
Eiweiß: 5 g Ballaststoffe: 3 g

Salate & Suppen

Gemüsesuppe

Grundrezept

600 g Gemüse
(z.B. Blumenkohl,
Brokkoli, Möhren,
Zucchini, Kohlrabi,
Spargel)
1 Zwiebel oder Lauch
¼ Knollensellerie
1 EL Rapsöl
750 ml Gemüsebrühe
Jodsalz
Pfeffer
geriebene Muskatnuss
100 ml Sahne

Außerdem:
½ Bund Schnittlauch
oder Petersilie zum
Garnieren
4 Scheiben Vollkornbrot
1 EL Rapsöl

1. Das Gemüse je nach Sorte teilen oder schälen, waschen und schneiden. Die Zwiebel schälen und würfeln oder den Lauch putzen, waschen und klein schneiden. Den Sellerie schälen und klein schneiden.
2. Zwiebel oder Lauch und Sellerie in Öl anbraten. Dann das weitere Gemüse und die Brühe zugeben. Mit Salz, Pfeffer und Muskat würzen.
3. Die Suppe mit Deckel ca. 15 Minuten kochen, dann die Sahne zugeben. Die Suppe im Mixer oder mit dem Pürierstab pürieren.
4. Schnittlauch oder Petersilie abbrausen, trocken tupfen und klein schneiden und die Suppe damit garnieren. Das Brot würfen, in Öl rösten und zur Suppe reichen.

Energie: 276 kcal Fett: 14 g Kohlenhydrate: 28 g
Eiweiß: 9 g Ballaststoffe: 11 g

Endiviensalat mit Orangen

1/2 Endiviensalat
2 Orangen

Für die Marinade:
100 ml Sahne
Saft von ½ Zitrone
Jodsalz
Pfeffer

Außerdem:
1 EL Sonnenblumenkerne
zum Bestreuen

1. Den Salat waschen und in feine Streifen schneiden. Die Orangen in kleine Stücke schneiden.
2. Aus Sahne, Zitronensaft, Salz und Pfeffer eine Marinade bereiten und mit dem Endiviensalat und den Orangen vermischen.
3. Die Sonnenblumenkerne ohne Fett in einer Pfanne rösten und den Salat damit bestreuen.

→ **Variante**
Statt Endiviensalat können Sie auch Feld- oder Eisbergsalat verwenden.

ⓘ Energie: 116 kcal Fett: 8 g Kohlenhydrate: 8 g
Eiweiß: 2 g Ballaststoffe: 2 g

Möhren-Apfel-Rohkost mit Joghurt

1 Zitrone
1 EL Honig
4 Möhren
4 saure Äpfel
(z.B. Boskoop)
250 g Joghurt oder
Dickmilch, 1,5 % Fett
Jodsalz
Pfeffer

1. Die Zitrone auspressen und den Saft mit dem Honig verrühren.
2. Die Möhren schälen, die Äpfel gründlich waschen, beides grob raspeln und unter den Zitronensaft mischen.
3. Den Joghurt oder die Dickmilch über den Salat gießen und alles mit Salz und Pfeffer abschmecken.

Energie: 154 kcal Fett: 1 g Kohlenhydrate: 30 g
Eiweiß: 4 g Ballaststoffe: 5 g

Omas Lieblingssuppe mit Grießklößchen

500 g Suppenfleisch
vom Rind
Jodsalz
Pfeffer
1 Lorbeerblatt
1 Bund Suppengemüse
2 EL weiche Butter oder
Margarine
1 Ei
5–6 EL Vollkorngrieß
100 g TK-Erbsen

Außerdem:
½ Bund Petersilie oder
Schnittlauch zum
Garnieren

1. Das Rindfleisch in 2 l Wasser mit Salz, Pfeffer und Lorbeerblatt 45–60 Minuten garen.
2. In der Zwischenzeit das Suppengemüse putzen und klein schneiden.
3. Die Butter oder Margarine mit einem Schneebesen schaumig rühren. Dann Ei und Grieß unterrühren und etwas Salz zugeben. Mit einem Teelöffel kleine Kugeln aus der Masse abstechen und mit den Händen zu Klößchen formen.
4. Das Fleisch aus der Brühe nehmen und in kleine Stücke schneiden. Anschließend das Suppengemüse und die Erbsen ca. 15 Minuten in der Brühe garen. Dann die Grießklößchen zugeben und 10–15 Minuten in der Brühe ziehen lassen (nicht kochen!). Zum Schluss das Fleisch wieder zufügen. Mit Salz und Pfeffer abschmecken.
5. Petersilie oder Schnittlauch abbrausen, trocken tupfen und die Blättchen abzupfen. Die Suppe mit den Kräutern servieren.

→ **Tipp**
Die Zubereitung dieser Suppe braucht durch das lange Kochen des Fleisches etwas Zeit. Sie können auch einfach die doppelte Menge zubereiten und die Hälfte der Suppe einfrieren, dann allerdings ohne die Grießklößchen.

Energie: 363 kcal Fett: 17 g Kohlenhydrate: 20 g
Eiweiß: 33 g Ballaststoffe: 6 g

Rote-Bete-Salat

500 g Rote Bete, frisch
oder vakuumiert
3 säuerliche Äpfel
(z.B. Boskoop)
1 EL Zitronensaft
150 g Joghurt, 1,5 % Fett
Jodsalz

Außerdem:
1 EL Sonnenblumenkerne
oder Haselnusskerne
zum Bestreuen

1. Die Rote Bete waschen und ca. 45 Minuten bei schwacher Hitze in einem großen Topf garen. Schälen und in kleine Würfel schneiden. Die vorgegarte, vakuumierte Rote Bete kann sofort verwendet werden.
2. Die Äpfel waschen und raspeln, mit Zitronensaft beträufeln. Dann mit Joghurt und Roter Bete vermischen und nach Geschmack mit Salz würzen.
3. Die Sonnenblumenkerne oder Haselnüsse grob hacken und über den Salat streuen.

Energie: 128 kcal Fett: 1 g Kohlenhydrate: 26 g
Eiweiß: 4 g Ballaststoffe: 5 g

Chinakohlsalat mit Kichererbsen

½ Chinakohl
1 kleine Zwiebel
2 kleine Orangen
100 g Weintrauben
(alternativ
50 g Rosinen)
150 g Kichererbsen
(Dose)

Für das Dressing:
3 EL Rapsöl
2 EL weißer Balsamico
oder Obstessig
Jodsalz
Pfeffer

1. Den Chinakohl putzen und in feine Streifen schneiden, anschließend waschen und abtropfen lassen. Die Zwiebel schälen und klein schneiden. 1 ½ Orangen filetieren, aus der verbliebenen Hälfte den Saft auspressen und für das Dressing aufbewahren. Die Weintrauben halbieren. Bei der Verwendung von Rosinen können diese in den Orangensaft eingelegt werden.
2. Aus Öl, Essig, Salz, Pfeffer und Orangensaft ein Dressing anrühren. Chinakohl, Zwiebeln, Orangenfilets, Weintrauben und Kichererbsen mit dem Dressing mischen.

→ **Variante**
Statt Weintrauben können Sie auch getrocknete Datteln oder Feigen oder einen Apfel verwenden.

→ **Tipp**
Der Rest des Chinakohls kann leicht gedünstet am nächsten Tag als Gemüsebeilage dienen.

Energie: 137 kcal Fett: 8 g Kohlenhydrate: 13 g
Eiweiß: 3 g Ballaststoffe: 4 g

Bunter Bohnensalat mit Schafskäse

700 g Rohkost nach
Jahreszeit (z.B. ½ Gurke,
2 Tomaten, 1 Paprika,
½ Eisbergsalat)
1 Zwiebel
100 g Schafskäse
200 g gekochte Bohnen
(z.B. Kidneybohnen,
weiße Bohnen Glas/
Dose)

Für die Marinade:
2 EL Olivenöl
2 EL Obstessig oder
weißer Balsamico
Paprikapulver
Pfeffer
Jodsalz

1. Die Rohkost waschen und putzen, ggf. schälen und klein schneiden. Falls Salat verwendet wird, die Blattrippen entfernen und die Blätter klein zupfen. Die Zwiebel in feine Ringe, den Schafskäse in Würfel schneiden.
2. Aus Öl und Essig eine Marinade bereiten, mit Paprika, Pfeffer und Salz würzen.
3. Eine Servierschale mit Eisbergsalat füllen. Die Rohkost mit Bohnen, Zwiebeln, Schafskäse und Marinade mischen und auf dem Salat anrichten.

→ **Tipp**
Dazu passen Bratlinge, panierter Tofu oder auch Weizenbrötchen (→ Seite 173, 161, 107).

ⓘ Energie: 206 kcal Fett: 12 g Kohlenhydrate: 14 g
Eiweiß: 10 g Ballaststoffe: 5 g

Eintopf mit Hülsenfrüchten

Grundrezept

250 g getrocknete
Hülsenfrüchte
(z.B. Bohnen, Linsen
oder Erbsen)
2 Lorbeerblätter
500 g Gemüse
(z.B. Suppengemüse wie
Sellerie, Lauch, Kohlrabi,
Pastinake, Möhren oder
Petersilienwurzel)
1 l Gemüsebrühe
Jodsalz
Pfeffer
etwas Essig
1 Bund Petersilie
1 Bund Schnittlauch

1. Die Trockenhülsenfrüchte in 1 l Wasser in einem großen Topf einweichen, am besten über Nacht. Das Einweichwasser abgießen.
2. Die Hülsenfrüchte mit den Lorbeerblättern in frischem
   Wasser 60–70 Minuten kochen. Alternativ können Sie
   die Hülsenfrüchte kurz aufkochen und dann ca. 1
   Stunde quellen lassen.
3. In der Zwischenzeit das Gemüse waschen, putzen und
   klein schneiden. Nach ca. 40 Minuten zu den Hülsenfrüchten geben und 20 Minuten mitköcheln lassen.
4. Mit der Gemüsebrühe aufgießen und mit Salz, Pfeffer
   und Essig abschmecken.
5. Petersilie und Schnittlauch abbrausen, trocken tupfen
   und klein schneiden und in den Eintopf streuen.

→ Tipp

*Wenn es einmal schnell gehen muss, kaufen Sie bereits
eingeweichte Hülsenfrüchte in einer Konserve (z.B. Kid-
ney- oder weiße Bohnen). Geschälte Hülsenfrüchte wie
beispielsweise Erbsen müssen nicht eingeweicht, sondern
können sofort gegart werden. Kleine Bohnen benötigen je
nach Sorte nur ca. 30 Minuten Garzeit.*

Energie: 205 kcal Fett: 2 g Kohlenhydrate: 30 g
Eiweiß: 16 g Ballaststoffe: 19 g

Gelbe Linsensuppe

3 Zwiebeln
2–3 Möhren
2–3 Kartoffeln
1 TL gemahlene Kurkuma
2 TL Öl
750 ml Gemüsebrühe
150 g gelbe Linsen
1 EL Tomatenmark
1 EL Olivenöl
1 Stängel Minze oder
2 EL getrocknete Minze
Saft einer ½ Zitrone
Jodsalz
Pfeffer

1. Zwiebeln, Möhren und Kartoffeln schälen und klein schneiden.
2. Kurkuma in Öl kurz anbraten, dann Zwiebeln, Möhren und nach und nach die Kartoffeln zugeben, mit Gemüsebrühe auffüllen. Anschließend die Linsen zufügen und alles ca. 30 Minuten köcheln lassen.
3. In der Zwischenzeit das Tomatenmark in Öl kurz anbraten und zufügen.
4. Die Minze abbrausen und trocken tupfen. Die Blätter abzupfen, klein schneiden und zur Suppe geben. Mit Zitronensaft, Salz und Pfeffer abschmecken und servieren.

→ **Tipp**

Nicht verwendete frische Minze schmeckt köstlich als Tee oder kann, wenn sie geschnitten ist, gut eingefroren werden.

Energie: 224 kcal Fett: 5 g Kohlenhydrate: 32 g
Eiweiß: 12 g Ballaststoffe: 10 g

Saisonale Rohkostplatte

Im Sommer:
1 Kopfsalat
1 Lollo rosso
½ Gurke
1 kleine rote Paprika
1 kleine gelbe Paprika
2 Tomaten
1 Zucchini

Im Winter:
1 Rote Bete, frisch oder vakuumiert
100 g Feldsalat
½ Endiviensalat
2 Möhren
100 g Staudensellerie

1. Bei den Salaten die groben Blattrippen entfernen und die Blätter abspülen. Die anderen Zutaten waschen und putzen und ggf. schälen und von Strunk, Samen und Scheidewänden befreien. Gurke in Scheiben und Paprika in Würfel schneiden. Die Tomaten achteln. Zucchini, Möhren und Sellerie grob oder fein raspeln.
2. Die Rote Bete waschen und ca. 45 Minuten bei schwacher Hitze in einem großen Topf garen, anschließend schälen. Vorgekochte Rote Bete muss nicht gekocht und geschält werden. In kleine Würfel oder dünne Scheiben schneiden.
3. Den grünen Salat auf einer Servierplatte anrichten und die anderen Zutaten darauf in Streifen oder bunt vermischt verteilen.

→ **Tipp**

Dazu passen Joghurtsoße mit frischen Kräutern oder eine fruchtige Vinaigrette (→ Seite 144, 145). Einfach darüberträufeln – fertig!

 Sommer:
Energie: 52 kcal Fett: 1 g Kohlenhydrate:8 g
Eiweiß: 3 g Ballaststoffe: 5 g
Winter:
Energie: 45 kcal Fett: 0 g Kohlenhydrate: 7 g
Eiweiß: 2 g Ballaststoffe:4 g

Fruchtige Tomatensuppe

400 g Tomaten
2 Zwiebeln
1 EL Rapsöl
1 EL Tomatenmark
300 ml Gemüsebrühe
½ TL fein gehackter
Rosmarin
½ TL fein gehackter
Thymian
1 Knoblauchzehe
Jodsalz
Pfeffer
4 EL Sahne

Außerdem:
3 EL geriebener
Parmesan zum
Bestreuen

1. Die Tomaten kurz mit kochendem Wasser abbrühen, enthäuten und würfeln. Die Zwiebeln schälen, fein hacken und in Öl glasig dünsten. Tomaten und Tomatenmark zugeben und mitdünsten.
2. Gemüsebrühe und Kräuter zufügen, den Knoblauch schälen und dazu pressen. Alles 10 Minuten garen. Mit Salz und Pfeffer abschmecken.
3. Vor dem Servieren die Sahne unterrühren und die Suppe mit Parmesan bestreut servieren.

 Energie: 84 kcal Fett: 7 g Kohlenhydrate: 4 g
Eiweiß: 2 g Ballaststoffe: 1 g

Couscoussalat mit Avocado und Tomaten

250 g Couscous
250 ml Gemüsebrühe
1 Bund glatte Petersilie
3 Frühlingszwiebeln
½ Gurke
2 Tomaten
1 reife Avocado
Jodsalz

Für das Dressing:
1 Bio-Zitrone
6 EL Olivenöl
Pfeffer

1. Den Couscous mit heißer Gemüsebrühe übergießen und 10 Minuten quellen lassen.
2. Die Blätter der Petersilie abzupfen, abbrausen, trocken tupfen und fein schneiden. Frühlingszwiebeln, Gurke und Tomaten waschen und in Ringe und Würfel schneiden. Die Avocado halbieren, entkernen und das Fruchtfleisch in mundgerechte Stücke schneiden.
3. Die Zitrone waschen, etwas Schale abreiben und den Saft auspressen. Aus Zitronensaft und -abrieb und Olivenöl ein Dressing herstellen und mit Pfeffer abschmecken.
4. Couscous mit Petersilie und allen übrigen Zutaten vermischen und mit Dressing übergießen. Zum Schluss mit Salz abschmecken.

ⓘ Energie: 450 kcal Fett: 24 g Kohlenhydrate: 50 g
Eiweiß: 10 g Ballaststoffe: 8 g

Pastinaken-Kartoffel-Süppchen

1 Lauch
400 g mehlig kochende Kartoffeln
400 g Pastinaken
1 Knoblauchzehe
2 EL Rapsöl
1 TL Currypulver
1 l Gemüsebrühe + ggf. etwas mehr
100 ml Milch, 1,5 % Fett
100 ml Sahne
Jodsalz
Pfeffer
geriebene Muskatnuss

Außerdem:
1 Bund Kräuter
(z.B. Basilikum, Schnittlauch) zum Garnieren

1. Den Lauch, putzen, waschen und in feine Ringe schneiden. Kartoffeln und Pastinaken schälen, waschen und grob würfeln. Den Knoblauch schälen und fein hacken.
1. Das Öl in einem großen Topf erhitzen und das Currypulver kurz darin rösten. Dann Lauch, Kartoffeln, Pastinaken und Knoblauch zugeben und unter Rühren andünsten. Mit Gemüsebrühe auffüllen. Bei mittlerer Hitze ca. 20 Minuten kochen lassen.
2. Milch und Sahne zugeben und die Suppe erneut 5–6 Minuten kochen lassen.
3. Die Suppe mit einem Pürierstab fein pürieren und mit Salz, Pfeffer und Muskat abschmecken. Wenn sie zu dickflüssig ist, noch etwas Gemüsebrühe zugeben.
4. Die Kräuter abbrausen, trocken tupfen und hacken. Die Suppe mit Kräutern garniert servieren.

→ Tipp
Dazu schmecken geröstete Brotstückchen, Sonnenblumenkerne oder Sesamsamen.

→ Variante
Falls keine Pastinaken im Haus sind, können Sie einfach die doppelte Menge Kartoffeln verwenden.

Energie: 263 kcal Fett: 14 g Kohlenhydrate: 28 g
Eiweiß: 6 g Ballaststoffe: 3 g

Sahnige Kürbissuppe

400 g Hokkaido-Kürbis
2 Möhren
2 Kartoffeln
1 Lauch
2 EL Rapsöl
1 l Gemüsebrühe
100 g Crème fraîche
Jodsalz
Pfeffer

Außerdem:
2 EL Kürbiskerne zum Garnieren

1. Den Kürbis waschen und in Spalten schneiden, dabei die Kerne entfernen. Dann die Spalten in Würfel schneiden. Möhren und Kartoffeln schälen und klein schneiden, Lauch putzen, waschen und in feine Streifen schneiden.
2. Das Rapsöl in einem Topf erhitzen und nach und nach Kürbis, Möhren, Kartoffeln und Lauch zufügen. Mit Gemüsebrühe ablöschen und ca. 20 Minuten köcheln lassen.
3. Anschließend die Suppe mit dem Pürierstab pürieren und mit Crème fraîche, Salz und Pfeffer abschmecken.
4. Die Kürbiskerne kurz ohne Fett in einer Pfanne rösten und auf die Suppe streuen.

→ **Tipp**
Für eine Kürbissuppe können Sie verschiedene Kürbisarten verwenden. Hokkaido-Kürbis wird mit der Schale gegart. Bei anderen Kürbisarten, wie zum Beispiel Butternut, wird die Schale vor dem Kochen entfernt. Ist der gekaufte Kürbis etwas größer, können Sie das Fruchtfleisch in Würfeln gut einfrieren.

ⓘ Energie: 238 kcal Fett: 16 g Kohlenhydrate: 18 g
Eiweiß: 7 g Ballaststoffe: 5 g

Weißer Bohneneintopf aus dem Ofen

Für 6 Portionen

500 g weiße getrocknete Bohnen
6 Zwiebeln
1 ½ rote Paprika
5 Knoblauchzehen
2 EL Rapsöl
3 Lorbeerblätter
1 TL getrockneter Rosmarin
Jodsalz
Cayennepfeffer
300 g Crème fraîche
4 EL Tomatenmark

1. Die getrockneten Bohnen über Nacht in 2 l Wasser einweichen und anschließend im Einweichwasser mit Deckel 1 Stunde bei schwacher Hitze garen.
2. Zwiebeln schälen und in Längsspalten schneiden, Paprika waschen, von Samen und Scheidewänden befreien und in Streifen schneiden, Knoblauch schälen und zerdrücken.
3. Das Öl in einem großen ofenfesten Topf erhitzen, die Zwiebel- und Paprikastreifen und den Knoblauch zugeben und andünsten. Mit Rosmarin, Salz und Cayennepfeffer kräftig würzen. Die Bohnen mit dem Wasser zufügen. Crème fraîche und Tomatenmark unterrühren und den Topf auf die unterste Schiene stellen und bei 175 °C Umluft 90 Minuten garen.

→ **Tipp**

Da dieses Rezept ein wenig zeitaufwendiger ist, haben wir die Menge großzügig bemessen. Von diesem Eintopf können Sie gut Portionen einfrieren. Wenn es einmal schnell gehen muss, können Sie auch Bohnen aus dem Glas oder der Dose verwenden. Dann benötigen Sie 1250 Gramm.

 Pro Portion:
Energie: 424 kcal Fett: 19 g Kohlenhydrate: 47 g
Eiweiß: 15 g Ballaststoffe: 24 g

Joghurtsoße mit Kräutern

3 EL frische oder
TK-Kräuter (z.B. Petersilie, Schnittlauch, Dill,
Zitronenmelisse, Kerbel,
Liebstöckel)
150 g Joghurt, 1,5 % Fett
2 EL Magerquark
1 TL Senf
1 EL Zitronensaft
Jodsalz
Pfeffer

Frische Kräuter abbrausen, trocken tupfen und fein hacken. Joghurt und Magerquark zu einer sämigen Soße glatt rühren. Senf, Zitronensaft und Kräuter zugeben und mit Salz und Pfeffer abschmecken.

ℹ Energie: 28 kcal Fett: 1 g Kohlenhydrate: 2 g
Eiweiß: 3 g Ballaststoffe: 0 g

Joghurtsoße mit Tahini und Zitrone

3–4 Stängel Petersilie
200 g Joghurt, 1,5 % Fett
2 EL Zitronensaft
2 EL Olivenöl
2 EL Tahini (Sesammus)
Jodsalz
Pfeffer
gemahlener Kreuzkümmel nach Belieben

Die Petersilie abbrausen, trocken tupfen und fein hacken. Joghurt mit Zitronensaft, Öl und Tahini glatt rühren. Petersilie zufügen und mit Salz, Pfeffer und nach Belieben Kreuzkümmel abschmecken.

ℹ Energie: 100 kcal Fett: 8 g Kohlenhydrate: 4 g
Eiweiß: 3 g Ballaststoffe: 0 g

Kräutervinaigrette

1 Knoblauchzehe nach
Belieben
2 EL frische oder
TK-Kräuter (z.B. Schnitt-
lauch, Petersilie, Dill,
Zitronenmelisse)
2 EL Raps- oder Olivenöl
1 EL Obstessig oder
weißer Balsamico
1½ TL Senf
Jodsalz
Pfeffer

Den Knoblauch schälen und zerdrücken. Frische Kräuter abbrausen, trocken tupfen und fein hacken. Knoblauch und Kräuter mit den weiteren Zutaten gut verrühren oder in ein leeres Schraubdeckelglas füllen und schütteln.

→ **Tipp**

Falls vom Dressing etwas übrig bleibt, hält es sich im Schraubglas 1–2 Tage.

ℹ️ Energie: 46 kcal Fett: 5 g Kohlenhydrate: 0 g
Eiweiß: 0 g Ballaststoffe: 0 g

Fruchtige Vinaigrette

50 ml Apfel- oder
Orangensaft
3 EL Rapsöl
3 EL Essig (z.B. dunkler
oder weißer Balsamico)
1 TL Senf
Jodsalz
Pfeffer

Alle Zutaten verrühren oder in ein leeres Schraubdeckel-glas füllen und schütteln.

→ **Tipp**

Besonders fruchtig schmeckt die Vinaigrette, wenn der Orangensaft frisch gepresst ist. Bei der Verwendung von Apfelsaft passt ein dunkler Balsamico und bei Orangen-saft ein weißer Balsamico gut, dann bleibt die orangene Farbe erhalten.

ℹ️ Energie: 41 kcal Fett: 4 g Kohlenhydrate: 1 g
Eiweiß: 0 g Ballaststoffe: 0 g

Hauptgerichte

Würzige Paprikafrikadellen

Für 8 Stück
2 pro Portion

½ gelbe Paprika
½ rote Paprika
2 Zwiebeln
400 g Hackfleisch
1 Ei
1 altbackenes Brötchen
oder 50 g Paniermehl
1 TL Senf
Jodsalz
Pfeffer
Paprikapulver
getrockneter Oregano
nach Belieben
2 EL Rapsöl

1. Die Paprika waschen und von Samen und Scheidewänden befreien, die Zwiebeln schälen. Beides in sehr kleine Würfel schneiden und mit den übrigen Zutaten (bis auf das Rapsöl) zu einem glatten Teig verarbeiten.
2. Mit feuchten Händen acht kleine Bällchen formen und im heißen Öl von jeder Seite ca. 5 Minuten braten.

→ **Tipp**
Zu den Frikadellen passen Naturreis, Backofenkartoffeln oder Süßkartoffelstampf und ein Salat.

Energie: 340 kcal Fett: 21 g Kohlenhydrate: 14 g
Eiweiß: 25 g Ballaststoffe: 3 g

Polenta mit Pilzsoße

Für 6 Portionen

Für die Polenta:
350 ml Milch, 1,5 % Fett
450 ml Gemüsebrühe
½ TL Jodsalz
geriebene Muskatnuss
2 EL Butter oder
Margarine
150 g Maisgrieß

Für die Pilzsoße:
4 Zwiebeln
500 g Champignons,
Austernseitlinge oder
Kräuterseitlinge
1 TL Rapsöl
2 EL Vollkornmehl
100 g Sahne oder
Crème fraîche
100 ml Gemüsebrühe
Jodsalz
Pfeffer
getrockneter Thymian
oder Oregano

Außerdem:
½ Bund Schnittlauch
zum Garnieren

1. Für die Soße die Zwiebeln schälen und würfeln, die Pilze waschen und in Scheiben schneiden. Zwiebeln in Öl anbraten, Pilze zugeben und kurz mitbraten.
2. Für die Polenta in der Zwischenzeit Milch, Gemüsebrühe, Salz, Muskat und Butter oder Margarine aufkochen lassen. Den Topf vom Herd nehmen und den Maisgrieß mit einem Schneebesen einrühren. Bei schwacher Hitze ca. 5 Minuten unter häufigem Rühren quellen lassen.
3. Zwiebeln und Pilze mit dem Mehl bestäuben, Sahne oder Crème fraîche und Gemüsebrühe zugeben und alles ca. 10 Minuten bei schwacher Hitze garen. Die Soße mit Salz, Pfeffer und Thymian oder Oregano abschmecken.
4. Den Schnittlauch abbrausen, trocken tupfen und fein hacken. Die Polenta anrichten und mit der Pilzsoße und Schnittlauch bestreut servieren.

→ Tipp

Alternativ können Sie den frischen Brei in eine gefettete Kastenform füllen oder auf ein gefettetes Backblech streichen. Mit einem nassen Löffel die Oberfläche glatt streichen und die Polenta erkalten lassen, anschließend in Scheiben oder Stücke schneiden. In der Pfanne gebraten, schmeckt die Polenta zu vielen Soßen.

ⓘ Energie: 231 kcal Fett: 11 g Kohlenhydrate: 26 g
Eiweiß: 8 g Ballaststoffe: 3 g

Curry-Blumenkohl mit bunter Hirse

2 Möhren

3 Frühlingszwiebeln

1 Blumenkohl

1 EL Rapsöl

300 g Hirse

600 ml Gemüsebrühe

200 g TK-Erbsen

Jodsalz

Pfeffer

1 TL Currypulver

2 EL Sesamsamen

2 EL Butter oder Margarine

1. Die Möhren putzen und klein würfeln, die Frühlingszwiebeln putzen und in Ringe schneiden. Den Blumenkohl in Röschen teilen und in Salzwasser in 10–15 Minuten bissfest garen.
2. Möhren und Frühlingszwiebeln in Öl kurz andünsten, die Hirse zugeben und 2–3 Minuten mitdünsten. Dann die Gemüsebrühe zugeben und alles ca. 10 Minuten köcheln. Kurz vor Ende der Garzeit die Erbsen zufügen. Mit Salz und Pfeffer würzen.
3. Curry und Sesam in einem Topf in der Butter oder Margarine kürz rösten und die gegarten Blumenkohlröschen darin schwenken.
4. Den Blumenkohl auf der bunten Hirsemischung anrichten.

Energie: 453 kcal Fett: 12 g Kohlenhydrate: 68 g
Eiweiß: 18 g Ballaststoffe: 13 g

Knusprige Pizzaschnecken

Für 10 Stück

Für den Teig:
1 Würfel Hefe oder
1 Pck. Trockenhefe
50 ml lauwarme Milch,
1,5 % Fett
1 Prise Zucker
400 g Weizen- oder
Dinkelvollkornmehl +
etwas zum Verarbeiten
3 EL Olivenöl
½ TL Jodsalz

Für die Tomatensoße
(ca. 200 ml):
600 g Tomaten
1 Knoblauchzehe
2 Zwiebeln
1 EL Rapsöl
1 EL Tomatenmark
getrockneter Basilikum
getrockneter Oregano
Jodsalz, Pfeffer

Für den Belag:
2 Tomaten
100 g geriebener
Mozzarella

1. Hefe oder Trockenhefe in Milch mit Zucker verrühren. Mehl in eine Schüssel geben und die Hefemilch mit Öl, Salz und ca. 250 ml Wasser zugeben und kneten. Dabei nur so viel Wasser zufügen, bis ein knetbarer Teig entsteht. Den Teig abgedeckt 20–30 Minuten gehen lassen. Das Volumen sollte sich deutlich vergrößern.
2. In der Zwischenzeit für die Soße die Tomaten kurz mit kochendem Wasser überbrühen, enthäuten und würfeln. Den Knoblauch schälen und fein hacken. Die Zwiebeln schälen und würfeln und im heißen Öl andünsten. Tomatenwürfel und -mark zugeben und die Soße aufkochen lassen. Den Knoblauch zugeben und die Soße mit Kräutern und Gewürzen abschmecken.
3. Die Tomaten klein schneiden. Den Teig erneut kneten und zu einem Rechteck ausrollen. Erst die Tomatensoße, dann Tomatenstücke und Käse daraufverteilen und das Rechteck von der langen Seite her aufrollen. Die Rolle anschließend in Scheiben schneiden und die Schnecken auf ein Backblech setzen. Kurz gehen lassen und 20–25 Minuten bei 180 °C Umluft backen.

→ Tipp

Die Menge der Tomatensoße ist großzügig bemessen, so können Sie einen Teil als Vorrat einfrieren. Im Kühlschrank hält sich die heiß eingefüllte Soße in einem Schraubglas einige Tage.

 Pro Stück:
Energie: 240 kcal Fett: 10 g Kohlenhydrate: 28 g
Eiweiß: 9 g Ballaststoffe: 6 g

Nudel-Gemüse-Auflauf

Grundrezept

400 g Vollkornnudeln
(z.B. Penne, Farfalle,
Fusilli)
800 g Gemüse
(z.B. Fenchel und
Tomaten, Zucchini und
Möhren, Tomaten und
Champignons)
1 Zwiebel
1 EL Olivenöl
Salz
Pfeffer

Für die Soße:
2 Eier
200 g saure Sahne
125 ml Milch, 1,5 % Fett
getrockneter Thymian,
getrockneter Oregano
oder getrocknete Kräuter
der Provence
Jodsalz
Pfeffer
100 g geriebener Käse
(z.B. Emmentaler,
Gouda, Mozzarella)

1. Die Nudeln in reichlich Salzwasser bissfest garen und nach dem Abschütten mit kaltem Wasser übergießen, damit sie nicht kleben.
2. Das Gemüse waschen und putzen und in mundgerechte Stücke schneiden oder teilen. Die Zwiebel schälen und klein schneiden und in Öl andünsten, dann das Gemüse zufügen und ca. 10 Minuten mitdünsten.
3. Die Nudeln in eine Auflaufform geben und das Gemüse darüberschichten.
4. Für die Soße die Eier mit saurer Sahne, Milch, Kräutern, Salz und Pfeffer verrühren. Die Soße über die Nudel-Gemüse-Mischung geben und den Auflauf mit Käse bestreuen. 20–30 Minuten bei 180 °C Umluft backen.

ℹ Energie: 628 kcal Fett: 25 g Kohlenhydrate: 70 g
Eiweiß: 29 g Ballaststoffe: 15 g

Gemüseauflauf

Grundrezept

1 kg Kartoffeln
1 kg Gemüse
(z.B. Blumenkohl und
Tomaten, Brokkoli und
Möhren, Pastinaken mit
Möhren und Kohlrabi)
1–2 EL Rapsöl
Jodsalz
Pfeffer

Für die Soße:
2 EL Vollkornmehl
250 ml kalte Milch,
1,5 % Fett
Schnittlauch
Jodsalz
Pfeffer
geriebene Muskatnuss

Außerdem:
6 EL geriebener Käse
zum Bestreuen
4 EL Sesamsamen,
Sonnenblumenkerne
oder gehobelte Mandeln
zum Bestreuen

1. Die Kartoffeln mit Schale kochen, pellen, in Scheiben schneiden und in eine Auflaufform setzen. Das Gemüse je nach Auswahl waschen, putzen und in mundgerechte Stücke schneiden oder teilen. Bei der Verwendung von Zwiebeln diese schälen, hacken und zuerst in Öl andünsten, dann das geschnittene Gemüse zufügen und ca. 10 Minuten dünsten. Wird Blumenkohl verwendet, diesen erst in Salzwasser bissfest garen. Das Gemüse mit Salz und Pfeffer abschmecken.
2. Für die Soße das Mehl in einem Topf mit Milch verquirlen, 4–5 Minuten köcheln lassen und mit den Gewürzen abschmecken.
3. Das Gemüse auf die Kartoffeln geben und Soße darübergießen. Mit Käse und Samen, Körnern oder Mandeln bestreuen und 20–30 Minuten bei 180 °C Umluft backen.

→ Tipp
Damit beim Andünsten des Gemüses nichts anbrennt, können Sie je nach Gemüseart noch etwas Wasser zufügen.

Energie: 396 kcal Fett: 13 g Kohlenhydrate: 52 g
Eiweiß: 16 g Ballaststoffe: 9 g

Gemüsequiche

Grundrezept

Für 6 Portionen

Für den Mürbeteig:
200 g Weizen-
vollkornmehl
1 Ei
150 g Butter oder
Margarine
½ TL Jodsalz

Für den Belag:
250 g Kartoffeln oder
Süßkartoffeln
500 g Gemüse
(z.B. Wirsing, Brokkoli,
Fenchel, Spitzkohl)
1 Zwiebel
2 EL Rapsöl
1 EL saure Sahne
Jodsalz, Pfeffer
geriebene Muskatnuss

Für die Soße:
150 g Joghurt, 1,5 % Fett
3–4 EL Milch, 1,5 % Fett

Außerdem:
100 g geriebener Käse
zum Bestreuen

1. Aus Mehl, Ei, Butter oder Margarine und Salz einen Mürbeteig kneten und kalt stellen.
2. Kartoffeln mit der Schale kochen und anschließend pellen und in Scheiben schneiden. Bei Verwendung von Süßkartoffeln, diese schälen und würfeln. Sie werden später mit dem Gemüse gedünstet. Zwiebel schälen und klein schneiden. Das Gemüse putzen, waschen und klein schneiden.
3. Die Zwiebelwürfel im heißen Öl andünsten und dann das Gemüse, evtl. mit den Süßkartoffeln, zugeben. Falls nötig, etwas Wasser zufügen, damit nichts anbrennt. Das Gemüse ca. 15 Minuten dünsten, dann mit saurer Sahne, Salz, Pfeffer und Muskat abschmecken.
4. Den Teig ausrollen oder einfach in eine Springform drücken, das Gemüse daraufverteilen und die Kartoffeln obenauflegen.
5. Für die Soße Joghurt und Milch mischen und über die Quiche gießen, zum Schluss alles mit Käse bestreuen. Die Quiche 30–35 Minuten bei 180 °C Umluft backen.

→ Variante

Quark-Öl-Teig ist eine schnelle Alternative zu Mürbeteig, da er keine Kühlzeit braucht. Hierfür 1 Ei, 100 g Magerquark, 200 g Weizenvollkornmehl, 2 TL Backpulver, 50 ml Rapsöl und ½ TL Jodsalz zu einem geschmeidigen Teig verarbeiten.

ⓘ Energie: 447 kcal Fett: 31 g Kohlenhydrate: 31 g
Eiweiß: 12 g Ballaststoffe: 6 g

Ofenkartoffeln mit Kräuterdip

Für die Ofenkartoffeln:
700 g Kartoffeln
2 EL Rapsöl
Kräutersalz
Sesamsamen nach Belieben
getrockneter Rosmarin nach Belieben

Für den Dip:
150 g Joghurt, 1,5 % Fett
125 g Magerquark
1 Bund Petersilie
1 Bund Schnittlauch
Jodsalz
Pfeffer
Paprikapulver

1. Die Kartoffeln schälen, halbieren und mit der Schnittfläche nach unten auf ein mit Backpapier ausgelegtes Blech setzen. Das Öl darüberträufeln und mit Salz würzen. Nach Wunsch mit Sesamsamen oder Rosmarin bestreuen und ca. 30 Minuten bei 180 °C Umluft backen.
2. Für den Dip in der Zwischenzeit Joghurt und Quark verrühren. Petersilie und Schnittlauch abbrausen, trocken tupfen, klein schneiden und unter die Joghurt-Quarkmasse rühren. Mit Salz, Pfeffer und Paprika abschmecken.
3. Die Ofenkartoffeln anrichten und mit dem Dip servieren.

→ **Variante**
Wenn Sie die Kartoffeln in Stifte schneiden und etwas großzügiger mit Paprika würzen, können Sie sie als Pommes anbieten.

ⓘ Energie: 219 kcal Fett: 6 g Kohlenhydrate: 31 g
Eiweiß: 10 g Ballaststoffe: 3 g

Bärenstarke Wraps

4 Tortilla Wraps

*Für den Belag
(Beispiele):*
einige Blätter Endivien-
oder Eisbergsalat oder
Rucola
2–3 EL Avocadocreme
(→ Seite 119) oder Basi-
likum-Tomatenaufstrich
(→ Seite 108)
2–3 Tomaten, in
Scheiben
1/2 Salatgurke, in
Scheiben
½ Paprika, in dünnen
Streifen
2–3 Radieschen, in
dünnen Scheiben
2–3 EL Mais
2 Scheiben Braten-
aufschnitt (z.B. Hähn-
chenbrust oder Schwein)
2–3 EL geriebener Käse

Die gekauften Teigfladen (Tortillas) kurz im Backofen erhitzen, dann nach Lust und Laune belegen, rollen und in
schräge Stücke schneiden.

→ **Tipp**

*Ein Wrap ist ein super Mittagsimbiss, wenn es schnell ge-
hen soll, oder kann prima als Ersatz für ein Schulbrot dienen. Für Wraps brauchen Sie einen Aufstrich oder eine
Soße und Salat. Die restlichen Zutaten können Sie frei variieren.*

→ **Variante**

*Statt der gekauften Teigfladen können Sie nach unserem
Grundrezept (→ Seite 188) Pfannkuchen zubereiten und
diese nach dem Ausbacken beliebig füllen und rollen.*

ⓘ Die Nährwerte variieren je nach Zusammenstellung
des Wraps.

Orientalische Linsenpuffer

150 g grüne oder
braune Linsen
Jodsalz
Currypulver
gemahlener Kreuz-
kümmel
1 kleine Zwiebel
1 Knoblauchzehe
2 kleine Eier
2–6 EL Vollkornmehl
4 EL gehackte Petersilie
1–2 EL Rapsöl

1. Die Linsen über Nacht in 400 ml Wasser einweichen.
2. Am nächsten Tag das übrig gebliebene Wasser abgie-ßen und auffangen. Die tropfnassen Linsen mit den Gewürzen pürieren und evtl. noch etwas Einweichflüs-sigkeit zugeben.
3. Zwiebel und Knoblauch schälen und fein hacken, mit Eiern, Mehl und Petersilie unter die Linsenmasse he-ben.
4. Das Öl in einer Pfanne erhitzen, jeweils einen Esslöffel Linsenmasse in die Pfanne geben, mit dem Löffel flach drücken und die Puffer von beiden Seiten goldgelb ausbacken.

→ **Tipp**
Wenn Sie die Linsen nicht über Nacht einweichen möch-ten, können Sie auch gekochte Linsen verwenden und mit den Gewürzen pürieren. Zu den Puffern passen verschie-dene Dips, beispielsweise Möhren-Hummus oder Papri-kacreme (→ Seite 118, 114), und ein grüner Salat.

→ **Buchtipp**
Dieses Rezept ist aus „Vegetarisch kochen", mehr erfahren: www.ratgeber-verbraucherzentrale.de.

 Energie: 245 kcal Fett: 8 g Kohlenhydrate: 28 g
Eiweiß: 14 g Ballaststoffe: 6 g

Fischburger
mit Dillsoße

Für 10 Portionen

Für die Frikadellen:
2 altbackene Vollkorn-
brötchen
400 g Fischfilet
(z.B. Seelachs)
1 Zwiebel
1 Bund Dill
2 Eier
Jodsalz, Pfeffer
3 EL Weizenvollkornmehl
+ etwas zum Verarbeiten
1 EL Rapsöl

Für die Soße:
200 g Crème fraîche
1 EL Essig
Jodsalz, Pfeffer
etwas Zitronensaft
2 EL gehackter Dill
evtl. etwas Honig

Für die Burger:
10 Vollkornbrötchen
10 Salatblätter
ca. 5 Tomaten
5–10 Gewürzgurken

1. Für die Frikadellen die altbackenen Brötchen in Wasser einweichen und ausdrücken. Den Fisch in Stücke schneiden. Die Zwiebel schälen und würfeln, den Dill abbrausen und trocken tupfen. Brötchen, Fisch, Zwiebel, Dill und Eier mit Salz und Pfeffer in einer Küchenmaschine oder mit einem Pürierstab pürieren.
2. Mit bemehlten Händen zehn flache Frikadellen formen, kurz in Mehl wenden und im heißen Öl von jeder Seite 5 Minuten braten.
3. Für die Soße alle Zutaten miteinander verrühren, bis eine glatte, cremige Masse entsteht.
4. Für die Burger die Vollkornbrötchen aufschneiden und beide Hälften mit der Soße bestreichen. Salatblätter abbrausen und trocken tupfen, Tomaten und Gewürzgurken in Scheiben schneiden und die Brötchen damit belegen. Zum Schluss die Fischfrikadellen darauflegen und die Brötchen zuklappen.

ℹ Energie: 309 kcal Fett: 10 g Kohlenhydrate: 37 g
Eiweiß: 17 g Ballaststoffe: 6 g

Panierter Tofu mit Sesam

400 g Tofu
1 Ei
2 TL Sojasoße
Jodsalz
3 EL Paniermehl
2 EL Sesamsamen
2 EL Rapsöl

1. Den Tofu in ca. 1 cm dicke Sticks schneiden. Das Ei in einen tiefen Teller schlagen, Sojasoße und ggf. Salz zufügen. Auf einem zweiten Teller Paniermehl und Sesam mischen.
2. Die Tofusticks erst im Ei und dann in der Paniermehlmischung wälzen und anschließend in einer Pfanne im heißen Öl knusprig braten.

→ **Tipp**
Dazu schmecken der Rote-Bete- oder Couscoussalat (→ Seite 130, 139). Auch verlockend: Die Tofusticks mit Dip genießen, beispielsweise dem Möhren-Hummus oder Kräuterdip (→ Seite 118, 144).

Energie: 233 kcal Fett: 14 g Kohlenhydrate: 8 g
Eiweiß: 19 g Ballaststoffe: 2 g

Cremiges Gemüserisotto mit Parmesan

250 g Risottoreis
1 Zwiebel
1 TL Rapsöl
250 g braune
Champignons
1 Möhre
200 g TK-Erbsen
Jodsalz
100 g Frischkäse

Außerdem:
2 EL gehackte Kräuter
zum Bestreuen
50 g geriebener
Parmesan zum
Bestreuen

1. Den Reis in einem Sieb abspülen. 600 ml Wasser erhitzen.
2. Die Zwiebel schälen und fein hacken und in heißem Öl glasig andünsten, Reis zugeben, kurz mitdünsten und dann mit dem heißen Wasser ablöschen. Alles bei schwacher Hitze ca. 25 Minuten köcheln lassen. Evtl. etwas heißes Wasser nachfüllen, damit der Reis gut quellen kann.
3. Champignons säubern und Möhre schälen, beides klein schneiden. Pilze, Möhre und Erbsen zu dem Reis geben und ca. 10 Minuten mitgaren.
4. Zum Schluss Salz und Frischkäse unter den Risotto rühren. Mit Kräutern und Parmesan bestreut servieren.

 Energie: 443 kcal Fett: 15 g Kohlenhydrate: 58 g
Eiweiß: 18 g Ballaststoffe: 6 g

Heiß geliebte Kürbislasagne

500 g Hokkaido-Kürbis
2 Zwiebeln
2 EL Olivenöl
Jodsalz
Cayennepfeffer
½ TL Zimt
1 TL gehackter Thymian
500 g passierte Tomaten
200 ml Gemüsebrühe
2 EL Mehl
250 ml kalte Milch,
1,5 % Fett
geriebene Muskatnuss
100 g geriebener
Bergkäse
100 g geriebener
Parmesan
ca. 150 g Lasagneblätter
(je nach Größe der
Auflaufform)

1. Den Kürbis waschen, halbieren und entkernen. Das Kürbisfleisch in kleine Würfel schneiden. Die Zwiebeln schälen und würfeln. Zwiebeln und Kürbis in Olivenöl andünsten. Mit Salz, Cayennepfeffer, Zimt und Thymian würzen.
2. Die passierten Tomaten und ein Drittel der Gemüsebrühe hinzugießen und 10 Minuten köcheln lassen.
3. Für die Soße Mehl in Milch einrühren und die Milch mit der restlichen Brühe mit Salz und Muskat aufkochen. Je die Hälfte der beiden Käse in die Soße geben.
4. Abwechselnd Kürbissoße, Käsesoße und Lasagneblätter in eine Auflaufform schichten und zum Schluss den restlichen Käse darüberstreuen. Die Lasagne 20–30 Minuten bei 180 °C backen.

→ **Tipp**
Wenn Kürbis gerade nicht Saison hat, können Sie die Lasagne auch mit Linsenbolognese (→ Seite 179) zubereiten.

Energie: 497 kcal Fett: 23 g Kohlenhydrate: 46 g
Eiweiß: 26 g Ballaststoffe: 5 g

Schlemmerfilet mit Naturreis

½ rote Paprika
½ gelbe Paprika
3 Stängel Petersilie oder
½ Bund Schnittlauch
50 g Paniermehl
1 EL Rapsöl
Jodsalz
Pfeffer
700 g Seelachs
2 EL Zitronensaft
250 g Naturreis

1. Die Paprika waschen, von Samen und Scheidewänden befreien und in kleine Würfel schneiden. Petersilie oder Schnittlauch abbrausen, trocken tupfen und hacken.
2. Paniermehl mit Paprikawürfeln, Öl, Salz, Pfeffer und Kräutern zu einer geschmeidigen Masse vermengen.
3. Die Fischfilets trocken tupfen und mit Zitronensaft beträufeln. Den Fisch in eine gefettete Auflaufform legen, mit der Paprikamasse bestreichen und im ca. 15 Minuten bei 180 °C Umluft backen. Zum Schluss ca. 3–4 Minuten den Backofengrill anstellen.
4. Den Naturreis gleichzeitig in Salzwasser kochen und auf niedriger Stufe quellen lassen. Zum Schlemmerfilet servieren.

→ **Tipp**
Die übrig gebliebenen Hälften der Paprika können Sie am nächsten Tag beispielsweise für die Paprikafrikadellen (→ Seite 147) verwenden.

→ **Variante**
Statt Paprika können Sie auch klein geschnittene Champignons und Zucchini verwenden.

ⓘ Energie: 312 kcal Fett: 8 g Kohlenhydrate: 23 g
Eiweiß: 37 g Ballaststoffe: 3 g

Pilzpfanne mit Hähnchenstreifen

400 g Champignons
200 g Zwiebeln
1 EL Rapsöl
200 g Hähnchenbrust-
filet oder Putenbrust
Jodsalz
Pfeffer
Paprikapulver
getrockneter Thymian
oder getrockneter
Oregano
200 ml Gemüsebrühe
5 EL Sahne
1 EL Vollkornmehl
50 ml kaltes Wasser

1. Die Champignons putzen und in Scheiben schneiden. Die Zwiebeln schälen und fein würfeln und in ½ EL Öl dünsten. Champignons zu den Zwiebeln geben und goldgelb andünsten. Zwiebel-Champignon-Mischung in einen Topf geben und beiseitestellen.
2. Das Fleisch in dünne Streifen schneiden und im restlichen Öl anbraten, mit Gewürzen und Kräutern abschmecken und garen. Anschließend zu den Champignons und Zwiebeln in den Topf geben.
3. Mit Gemüsebrühe und Sahne auffüllen. Zum Binden der Soße Mehl in Wasser anrühren, zugeben und kurz aufkochen lassen. Zum Schluss noch einmal mit Gewürzen und Kräutern abschmecken.

→ **Tipp**
Dazu passen Reis, Nudeln oder Kartoffeln und ein Salat.

→ **Variante**
Das Gericht können Sie auch mit kleinen Hähnchenkeulen zubereiten. Diese müssen Sie erst durchgaren, bevor sie zum Gemüse kommen.

Energie: 162 kcal Fett: 8 g Kohlenhydrate: 5 g
Eiweiß: 16 g Ballaststoffe: 2 g

Fenchel-Tomatenauflauf

800 g Kartoffeln
1 Zwiebel
2 kleine Fenchelknollen
1 EL Rapsöl
Jodsalz
3 Tomaten
Pfeffer
100 ml Sahne
100 ml Milch 1,5 % Fett
100 g geriebener kräftiger Käse (z.B. Bergkäse)

1. Die Kartoffeln mit Schale kochen und anschließend pellen. Die Zwiebel schälen und klein schneiden. Die Fenchelknollen vierteln, dabei den Strunk entfernen und in feine Streifen schneiden.
2. Erst die Zwiebelwürfel, dann die Fenchelstreifen in Öl ca. 10 Minuten dünsten, mit Salz abschmecken.
3. Pellkartoffeln und Tomaten in dünne Scheiben schneiden, sich überlappend in eine Auflaufform setzen und salzen. Das Fenchelgemüse darüberschichten.
4. Sahne und Milch verrühren, über den Auflauf geben und zum Schluss alles mit Käse bestreuen. Den Auflauf ca. 30 Minuten bei 180 °C backen.

Energie: 388 kcal Fett: 19 g Kohlenhydrate: 39 g
Eiweiß: 15 g Ballaststoffe: 6 g

Kartoffel-Gemüsepuffer mit Joghurtdip

Für die Puffer:
750 g Kartoffeln
2 Zwiebeln
2 kleine Möhren
1 Lauch
2 Eier
1 TL getrockneter Majoran oder getrockneter Thymian
Jodsalz
2 EL Rapsöl

Für den Dip:
4 EL Joghurt, 1,5 % Fett
250 g Quark
1 EL Tomatenmark
2 EL Sahne
Jodsalz
Pfeffer
Paprikapulver + etwas zum Bestreuen
etwas Honig nach Belieben

1. Für die Puffer Kartoffeln und Zwiebeln schälen, fein reiben und vermengen. Möhren schälen und raspeln, Lauch putzen und in feine Streifen schneiden.
2. Das Gemüse mit Eiern und Gewürzen unter die Kartoffelmischung rühren. Das Öl in einer Pfanne erhitzen und die Puffer darin von beiden Seiten goldbraun braten.
3. Für den Dip Joghurt mit Quark, Tomatenmark und Sahne verrühren. Mit Salz, Pfeffer, Paprika und nach Belieben mit Honig abschmecken.
4. Den Dip mit Paprikapulver bestreuen und zu den frischen Kartoffelpuffern reichen.

→ **Tipp**
Dazu können Sie sehr gut eine saisonale Rohkostplatte (→ Seite 136) anbieten.

Energie: 388 kcal Fett:19 g Kohlenhydrate: 39 g
Eiweiß: 15 g Ballaststoffe: 6 g

Kichererbsenbällchen mit Frühlingsgemüse und Kräutercreme

Für die Kichererbsen-bällchen:
240 g Kichererbsen (Dose)
2 Schalotten
6–8 getrocknete Tomaten
4 EL Weizenvollkornmehl
1 TL Backpulver
4 EL gehackte Petersilie
Jodsalz, Pfeffer
1 Msp. Kurkuma
1–2 EL Rapsöl

Für das Gemüse:
1–2 Kohlrabi
600 g Junge Möhren
400 g Brokkoli
1–2 EL Rapsöl
240 ml Gemüsebrühe
4 Frühlingszwiebeln
Jodsalz, Pfeffer

Für die Creme:
250 g Ricotta
200 g Magerquark
1–2 Knoblauchzehe
4 EL gehackte Kräuter
Jodsalz, Pfeffer

1. Kichererbsen über einem Sieb abtropfen lassen. Schalotten schälen und würfeln, getrocknete Tomaten ebenfalls fein würfeln.
2. Zu den abgetropften Kichererbsen Mehl und Backpulver geben und mit einem Pürierstab fein pürieren. Die Zwiebel-Tomaten-Würfel unterheben und die Masse mit Petersilie, Salz, Pfeffer und Kurkuma abschmecken. Zu kleinen Bällchen formen und in einer Pfanne in Öl von allen Seiten anbraten.
3. Für das Gemüse Kohlrabi und Möhren schälen und in Stifte schneiden. Brokkoli in Röschen teilen. Kohlrabi- und Möhrenstifte 2 Minuten in Öl andünsten, zum Schluss die Brokkoliröschen zugeben und mit ein wenig Brühe ablöschen. Ca. 8 Minuten garen, bei Bedarf Brühe nachgießen. Die Frühlingszwiebeln in Ringe schneiden, untermischen und 1–2 Minuten mitgaren. Mit Salz und Pfeffer würzen.
4. Für die Kräutercreme Ricotta und Quark verrühren. Knoblauch schälen und zerdrücken. Mit den Kräutern unter die Creme rühren und mit Salz und Pfeffer abschmecken.
5. Die Kicherbsenbällchen mit dem Gemüse und der Kräutercreme anrichten und servieren.

→ **Buchtipp**
Dieses Rezept ist aus „Gewicht im Griff", mehr erfahren:
www.ratgeber-verbraucherzentrale.de.

ⓘ Energie: 393 kcal Fett: 17 g Kohlenhydrate: 34 g
Eiweiß: 25 g Ballaststoffe: 13 g

Süßkartoffel-Zucchini-Tortilla

450 g Süßkartoffel
300 g Zucchini
1 Zwiebel
4 EL Olivenöl
1 Bund Kräuter
(z.B. Schnittlauch oder Petersilie)
4 Eier
60 ml Milch
Jodsalz
Pfeffer
geriebene Muskatnuss
50 g geriebener Käse
(z.B. Mozzarella oder Emmentaler)

1. Die Süßkartoffel schälen und in kleine Würfel, die Zucchini längs halbieren und in Scheiben schneiden. Die Zwiebel schälen, klein schneiden und in einer großen Pfanne in Olivenöl andünsten. Süßkartoffeln und Zucchini zugeben und mit Deckel 10 Minuten bei schwacher Hitze andünsten.
2. Kräuter abbrausen, trocken tupfen und fein hacken. Einen kleinen Teil davon beiseitestellen. Eier und Milch verquirlen, Gewürze und den Großteil der Kräuter unterrühren. Die Mischung über das Gemüse geben und mit Käse bestreuen.
3. Die Eiermischung in der Pfanne mit Deckel bei schwacher Hitze stocken lassen. Wer eine ofenfeste Pfanne benutzt, kann das Gericht auch zum Stocken bei 160 °C Umluft 15 Minuten in den Backofen schieben.
4. Mit den restlichen Kräutern bestreut servieren.

→ **Tipp**
Zu der Tortilla schmecken Rote-Bete-Salat oder Chinakohlsalat mit Kichererbsen (→ Seite 130, 131).

Energie : 405 kcal Fett: 23 g Kohlenhydrate: 32 g
Eiweiß: 17 g Ballaststoffe: 5 g

Kartoffelsalat mit Würstchen

750 g Kartoffeln
2 Zwiebeln
1 kleine Gurke
4 Tomaten
1 rote oder gelbe Paprika
4 Würstchen (Schwein, Rind oder Geflügel)

Für die Marinade:
150 g saure Sahne, 10 % Fett
150 g Joghurt, 1,5 % Fett
1 EL Obstessig
1 TL Senf
2–3 EL gemischte Kräuter, frisch oder tiefgekühlt
Pfeffer
Paprikapulver
Jodsalz

Außerdem:
Senf nach Belieben zum Servieren

1. Die Kartoffeln als Pellkartoffeln garen, pellen und in Scheiben schneiden. Zwiebeln schälen und fein würfeln, Gurke schälen und in feine Scheiben schneiden. Tomaten und Paprika waschen, Tomaten achteln, Paprika von Samen und Scheidewänden befreien und in Würfel schneiden.
2. Aus saurer Sahne, Joghurt, Essig, Senf, Kräutern, Pfeffer, Paprika und Salz eine Marinade rühren. Die Marinade über die Kartoffeln und das Gemüse gießen und alles gut vermischen.
3. Die Würstchen in Wasser erhitzen und nach Belieben mit Senf und Kartoffelsalat servieren

→ **Tipp**
Dazu passen Vollkornbrot oder -brötchen, so hat man ein komplettes Abendessen.

ℹ Energie: 483 kcal Fett: 27 g Kohlenhydrate: 40 g
Eiweiß: 18 g Ballaststoffe: 6 g

Pikante Bratlinge

Für 12 Stück
3 pro Portion

100 g Grünkern- oder
Weizenschrot
2 Lorbeerblätter
400 ml Gemüsebrühe
1 Möhre
½ Lauch
1 Zwiebel
2 Eier
4 EL Weizenvollkorn-
oder Paniermehl
Jodsalz
Pfeffer
4 EL gehackte Petersilie
2 EL Rapsöl

1. Den Getreideschrot mit Lorbeerblättern in der Gemüsebrühe aufkochen und 15–20 Minuten bei schwacher
Hitze quellen lassen. Dabei immer wieder gut rühren.
2. Möhre schälen und raspeln, Lauch putzen und in feine
Streifen schneiden, Zwiebel schälen und fein hacken.
Alles mit Eiern, Mehl oder Bröseln, Salz, Pfeffer und
Petersilie zum Getreideschrot geben und untermengen. Nach Belieben noch einmal pikant abschmecken
und die Masse anschließend abkühlen lassen.
3. Mit feuchten Händen 12 Bratlinge formen oder mit einem Esslöffel kleine Häufchen in die Pfanne drücken.
Die Bratlinge im heißen Öl anbraten und erst wenden,
wenn die erste Seite schön goldgelb gebraten ist.

→ **Tipp**
*Zu den knusprigen Bratlingen passt Möhren-Apfel-Roh-
kost oder eine saisonale Rohkostplatte (→ Seite 127, 136).*

→ **Variante**
*Das Rezept gelingt statt mit Getreideschrot auch mit Hirse
oder Naturreis.*

Energie: 221 kcal Fett: 9 g Kohlenhydrate: 26 g
Eiweiß: 9 g Ballaststoffe: 5 g

Nudel-Spinatauflauf

400 g Nudeln
(z.B. Fusilli)
2 Knoblauchzehen
800 g TK-Spinat
Jodsalz
Pfeffer
2–3 Tomaten

Für die Soße:
2 EL Vollkornmehl
250 ml kalte Milch,
1,5 % Fett
4 Zwiebeln
1 EL Rapsöl
1 TL Gemüsebrühe
Jodsalz
Pfeffer
geriebene Muskatnuss

Außerdem:
100 g geriebener Käse
(z.B. Gouda, Emmen-
taler, Bergkäse) zum
Bestreuen

1. Die Nudeln in reichlich Salzwasser bissfest garen. Knoblauch schälen und fein hacken. Spinat auftauen lassen und mit Salz, Pfeffer und Knoblauch würzen. Tomaten waschen, klein schneiden und zum Spinat geben.
2. Für die Soße Mehl in Milch glatt rühren. Die Zwiebeln schälen, hacken und im heißen Öl andünsten, die Milch-Mehl-Mischung zugeben und 2 Minuten unter Rühren aufkochen. Mit Gemüsebrühe, Salz, Pfeffer und Muskat würzen.
3. Nudeln und Spinat-Tomaten-Gemüse in eine Auflaufform geben, die Soße darübergießen, den Auflauf mit Käse bestreuen und 20–30 Minuten bei 180 °C Umluft backen.

→ **Tipp**
Dazu schmeckt ein grüner oder gemischter Salat.

Energie: 576 kcal Fett: 13 g Kohlenhydrate: 82 g
Eiweiß: 30 g Ballaststoffe: 11 g

Gefüllte Zucchini mit Bulgur

1 Zwiebel
1 Knoblauchzehe
1 kg Zucchini
100 g Bulgur
250 ml Gemüsebrühe
50 g Sonnenblumen-
kerne
1 TL Rapsöl
½ TL getrockneter
Oregano
Paprikapulver
Pfeffer
Jodsalz

Außerdem:
100 g geriebener Käse
zum Bestreuen

1. Die Zwiebel schälen und klein schneiden. Knoblauch schälen und zerdrücken. Zucchini waschen, halbieren und aushöhlen, in kochendem Wasser 2 Minuten blanchieren. Bulgur in der Gemüsebrühe ca. 10 Minuten quellen lassen.
2. In der Zwischenzeit das Innere der Zucchini zerkleinern und mit Zwiebel, Knoblauch und Sonnenblumenkernen im heißen Öl andünsten. Den Bulgur zugeben und kurz mitdünsten. Mit den Gewürzen kräftig abschmecken.
3. Die Zucchini mit der Mischung füllen und in eine ofenfeste, gefettete Form setzen. Zum Schluss mit Käse bestreuen und 20 Minuten bei 180 °C Umluft überbacken.

→ **Tipp**
Dazu schmecken eine fruchtige Tomatensoße (→ Seite 167) und Brot zum Tunken.

ℹ Energie: 297 kcal Fett: 13 g Kohlenhydrate: 27 g
Eiweiß: 17 g Ballaststoffe: 6 g

Lachsfilet im Gemüsebett mit Kartoffelstampf

500 g Lachsfilet
Saft von einer ½ Zitrone
Jodsalz
Pfeffer
600 g Möhren und Kohl-
rabi
1 Zwiebel
2 EL Rapsöl
geriebene Muskatnuss
100 g Crème fraîche
1 EL geriebener Par-
mesan

Für das Kartoffelpüree:
750 g Kartoffeln
1 EL Butter oder
Margarine
250 ml Milch, 1,5 % Fett

1. Für das Püree die Kartoffeln schälen und in Salzwasser kochen.
2. Das Lachsfilet mit Zitronensaft beträufeln und mit Salz und ein wenig Pfeffer würzen.
3. Möhren und Kohlrabi schälen und in kleine Würfel schneiden. Zwiebel schälen und klein schneiden und mit Möhren und Kohlrabi im heißen Öl 10 Minuten an-dünsten.
4. Die gegarten Kartoffeln mit Butter oder Margarine und einem Großteil der Milch zu einem cremigen Kartoffel-püree zerstampfen.
5. Das Gemüse in eine Auflaufform geben. Mit Salz und Muskat würzen, dann das Lachsfilet darauflegen. Crème fraîche mit restlicher Milch und Parmesan ver-rühren, mit ein wenig Salz würzen und auf das Fischfi-let streichen.
6. Den Lachs ca. 15 Minuten bei 180 °C Umluft überba-cken und mit dem Kartoffelstampf servieren.

Energie: 583 kcal Fett: 30 g Kohlenhydrate: 45 g
Eiweiß: 33 g Ballaststoffe: 7 g

Pizza-Pfannkuchen für Kids

Für den Teig:
100 g Vollkornmehl
(Weizen oder Dinkel)
125 ml Milch, 1,5 % Fett
2 Eier
1 Prise Jodsalz

Für die Tomatensoße:
4 Zwiebeln
1 TL Rapsöl
300 g passierte Tomaten
Jodsalz
Pfeffer
Paprikapulver
1 Knoblauchzehe

Für den Belag:
2 Tomaten
200 g Champignons
1 gelbe Paprika
75 g geriebener Käse
(z. B. Gouda)
getrockneter Oregano

1. Aus Mehl, Milch, Eiern und Jodsalz einen geschmeidigen Pfannkuchenteig rühren.
2. Für die Soße die Zwiebeln schälen und würfeln und im heißen Öl andünsten. Die passierten Tomaten zufügen. Bei schwacher Hitze einige Minuten köcheln lassen und mit Salz, Pfeffer und Paprika würzen. Den Knoblauch schälen und dazupressen.
3. Tomaten und Champignons waschen und in Scheiben schneiden. Die Paprika putzen, von Samen und Scheidewänden befreien und in kleine Würfel schneiden.
4. Den Pfannkuchenteig auf ein mit Backpapier ausgelegtes Blech geben und verteilen. 4–5 Minuten bei 180 °C Umluft vorbacken.
5. Das Blech herausnehmen und den Pfannkuchen mit Tomatensoße bestreichen, mit dem Gemüse belegen und mit Käse bestreuen. Mit Oregano würzen und den Pizza-Pfannkuchen in weiteren 5–7 Minuten fertig backen.

→ **Tipp**
Eine Kombination aus Pizza und Pfannkuchen – Ihre Kinder werden dieses Gericht lieben! Als kleiner Begleiter eignet sich ein Salat.

ⓘ Energie: 276 kcal Fett: 11 g Kohlenhydrate: 26 g
Eiweiß: 17 g Ballaststoffe: 7 g

Vegetarische Bolognese mit roten Linsen

150 g rote Linsen
1 Zwiebel
1 Möhre
3 Tomaten
250 g Champignons
2 Stangen Stauden-
sellerie
2 EL Olivenöl
400 g Vollkornnudeln
2 EL Tomatenmark
300 ml Gemüsebrühe
1 TL getrockneter Ore-
gano
1 TL getrocknetes
Basilikum
Jodsalz
Pfeffer

1. Die Linsen ohne Salz in Wasser ca. 10 Minuten garen.
2. In der Zwischenzeit Zwiebel schälen und klein schneiden. Möhre schälen und klein schneiden. Tomaten waschen, Champignons putzen und beides ebenfalls in
kleine Würfel schneiden. Staudensellerie waschen und
in dünne Scheiben schneiden.
3. Zunächst die Zwiebel, dann das Gemüse im heißen Öl
kurz anbraten und in ca. 10 Minuten bissfest garen.
4. Die Vollkornnudeln in einem großen Topf in Salzwasser bissfest garen. Linsen, Tomatenmark und Gemüsebrühe zu der Zwiebel-Gemüse-Mischung geben und erneut erhitzen. Kräuter zugeben und mit Salz und Pfeffer abschmecken.
5. Die Nudeln auf Tellern anrichten und mit der Linsenbolognese servieren.

→ **Tipp**
*Klein geschnittener Staudensellerie kann gut eingefroren
werden. Dazu die Stängel in Stücke schneiden und 1–2
Minuten in kochendem Wasser blanchieren. Nach dem
Abkühlen nach Wunsch portionieren und einfrieren.*

 Energie: 528 kcal Fett: 9 g Kohlenhydrate: 85 g
Eiweiß: 26 g Ballaststoffe: 20 g

Maisplätzchen mit Möhrensoße

Für 12 Stück
3 pro Portion

Für die Maisplätzchen:
2 Eier
8 EL Maismehl oder
Weizenvollkornmehl
½ TL getrockneter
Koriander
1 Zwiebel
1 Lauch
250 g Mais
Jodsalz
Pfeffer
2 EL gehackte Petersilie
2 EL Rapsöl

Für die Soße:
400 g Möhren
1 EL Rapsöl
1 Prise Zucker
Jodsalz
200 ml Gemüsebrühe
3 EL Sahne
Pfeffer

1. Für die Soße die Möhren schälen, in Scheiben schneiden und im heißen Öl andünsten. Mit Zucker und Salz würzen. Die Gemüsebrühe zugießen und die Soße mit Deckel 10–20 Minuten kochen.
2. Die Soße im Mixer oder mit dem Pürierstab pürieren. Die Sahne unterrühren und mit Salz und Pfeffer abschmecken.
3. Für die Maisplätzchen Eier mit Mehl verrühren, Koriander zugeben. Zwiebel schälen und in Würfel schneiden. Lauch putzen und in feine Ringe schneiden und alles mit Mais zum Teig geben. Mit Salz und Pfeffer würzen und zum Schluss die Petersilie unterrühren.
4. Das Öl in einer Pfanne erhitzen, den Teig löffelweise hineingeben, etwas flach drücken und die Plätzchen von beiden Seiten goldbraun backen. Auf vier Tellern anrichten und mit der Möhrensoße servieren.

Energie: 275 kcal Fett: 14 g Kohlenhydrate: 30 g
Eiweiß: 7 g Ballaststoffe: 8 g

Gefüllte Pfannkuchenrollen mit Spinat

Pfannkuchenteig
(→ Seite 188)
Rapsöl zum Ausbacken
450 g TK-Spinat
1 Knoblauchzehe
2 Tomaten
2 Zwiebeln
1 TL Rapsöl
Jodsalz
Pfeffer
geriebene Muskatnuss

Für die Soße:
1 EL Vollkornmehl
(Weizen- oder Dinkelvoll-
kornmehl)
300 ml Milch, 1,5 % Fett
Jodsalz
Pfeffer

1. Den Teig nach dem Grundrezept (→ Seite 188) zubereiten und in einer beschichteten Pfanne acht dünne Pfannkuchen ausbacken.
2. Spinat auftauen lassen. Knoblauch schälen und fein hacken. Tomaten waschen, Zwiebeln schälen und beides klein schneiden. Zwiebeln in Öl andünsten, Tomatenwürfel und Spinat zugeben und mit den Gewürzen und Knoblauch abschmecken.
3. Für die Soße Mehl mit Milch verrühren und ca. 5 Minuten köcheln lassen. Mit Salz und Pfeffer abschmecken.
4. Die Pfannkuchen mit der Spinatmasse belegen, aufrollen und in eine Auflaufform füllen. Anschließend mit der Soße übergießen und 15–20 bei 180 °C Umluft Minuten backen.

Energie: 418 kcal Fett: 15 g Kohlenhydrate: 49 g
Eiweiß: 21 g Ballaststoffe: 9 g

Möhren-Kräuter-Tarte

Für 12 Stücke

2 Zwiebeln
2 Knoblauchzehen
3 Möhren
½ Bund Petersilie oder
2 EL getrocknete
Petersilie
1 Bund Schnittlauch oder
4 EL getrockneter
Schnittlauch
100 g Dinkel- oder
Weizenvollkornmehl
50 ml Rapsöl
100 g geriebener Käse
(z.B. mittelalter Gouda,
Emmentaler oder
Bergkäse)
3 Eier
Jodsalz
Pfeffer

1. Zwiebeln und Knoblauch schälen und hacken. Möhren schälen und raspeln. Kräuter abbrausen, trocken tupfen und fein hacken.
2. Das Mehl mit Öl, Käse, Eiern, Salz, Pfeffer, Zwiebeln, Knoblauch, Möhren und Kräutern zu einem Teig verarbeiten.
3. Den Teig in eine gefettete Springform füllen und in den kalten Backofen schieben. Die Tarte 30–40 Minuten bei 180 °C Umluft backen.

 Pro Stück:
Energie: 388 kcal Fett: 25 g Kohlenhydrate: 23 g
Eiweiß: 17 g Ballaststoffe: 5 g

Würzige Süßkartoffeln aus dem Ofen

600 g Bio-Süßkartoffeln
2 EL Zitronensaft
2 EL Olivenöl
Jodsalz
getrockneter Thymian

1. Die Süßkartoffeln gründlich säubern, z. B. mit einer Gemüsebürste, anschließend halbieren und vierteln. Zitronensaft, Olivenöl, Salz und Thymian mischen.
2. Die Süßkartoffeln mit einer Schnittfläche auf ein Backblech setzen und mit der Marinade bestreichen. Je nach Größe ca. 25 Minuten bei 180 °C Umluft backen.

→ **Tipp**
Zu den Süßkartoffeln schmecken Kräuter- oder Joghurtdip (→ Seite 144, 168) und ein bunter Salat. Oder Sie verwenden sie als Beilage zu würzigen Gemüse- und Fleischgerichten – auch sehr lecker!

ⓘ Energie: 211 kcal Fett: 6 g Kohlenhydrate: 36 g
Eiweiß: 2 g Ballaststoffe: 5 g

Saftiges Gulasch mit Gemüse

400 g Schweine-
schnitzel, Putenbrust
oder Hähnchenbrustfilet
4 Zwiebeln
1 EL Rapsöl
3 Möhren
100 g Knollensellerie
2 Tomaten
1 EL Weizen- oder Dinkel-
vollkornmehl
300 ml Gemüsebrühe
Jodsalz
Pfeffer
Paprikapulver

Außerdem:
800 g Kartoffeln

1. Das Fleisch in kleine Würfel schneiden, Zwiebeln schälen und würfeln.
2. Die Kartoffeln schälen und in ca. 20 Minuten in Salzwasser garen.
3. Dann das Fleisch im heißen Öl anbraten, die Zwiebeln zufügen und andünsten, bis sie sich leicht bräunen.
4. Möhren und Sellerie schälen, Tomaten waschen. Alles in Würfel schneiden und zufügen. Kurz mitandünsten und mit Mehl bestäuben, rühren und dann die Gemüsebrühe und die Gewürze zufügen.
5. Das Gulasch 15–25 Minuten garen. Auf Tellern anrichten und mit den Salzkartoffeln servieren.

→ **Tipp**
Ein Geflügelgulasch ist nach ca. 20 Minuten fertig. Bei Schweinefleisch dauert es etwas länger, bis das Fleisch schön zart ist.

ⓘ Energie: 360 kcal Fett: 9 g Kohlenhydrate: 42 g
Eiweiß: 27 g Ballaststoffe: 7 g

Quarkknödel in Butterbröseln

500 g Magerquark
3 Eier
3 EL Honig oder Zucker
1 Msp. Vanillepulver
(→ Seite 110)
Jodsalz
Abrieb von 1 Bio-Zitrone
100 g Vollkorngrieß
2 EL Butter oder
Margarine
100 g Paniermehl

1. Den Magerquark mit Eiern, 2 EL Honig oder Zucker, Vanille, Salz und Zitronenabrieb verrühren. Grieß unterrühren und die Quarkmasse abgedeckt 2–3 Stunden in den Kühlschrank stellen.
2. Aus der Masse mit einem Esslöffel 16 Knödel ausstechen. Sollte die Masse noch zu flüssig sein, evtl. 1–2 EL Vollkornmehl zugeben. Die Knödel mit angefeuchteten Händen ein wenig rollen, damit sie schön rund und glatt werden.
3. Die Knödel in leicht kochendes Salzwasser legen und mit Deckel ca. 10 Minuten ziehen lassen.
4. In der Zwischenzeit in einer Pfanne Butter oder Margarine zerlassen, Paniermehl mit 1 EL Honig oder Zucker zugeben und leicht bräunen lassen.
5. Die Knödel mit einem Schaumlöffel aus dem Wasser heben, gut abtropfen lassen und in den Butterbröseln wälzen.

→ **Tipp**
Die Quarkknödel eignen sich wunderbar als warme Hauptmahlzeit. Dazu passen frische Erdbeeren, eingekochte Pflaumen oder Apfelmus.

Energie: 401 kcal Fett: 10 g Kohlenhydrate: 50 g
Eiweiß:28 g Ballaststoffe: 5 g

Allerlei Pfannkuchen

Grundrezept & Varianten

**Für je 8 Stück
2 pro Portion**

Für den Teig:
250 g Weizenvollkorn-
mehl
3 Eier
250 ml Milch, 1,5 % Fett
150 ml Wasser
2 EL Rapsöl zum
Ausbacken

Für Apfelpfannkuchen:
3 Äpfel
Saft von ½ Zitrone
Zimt

Für Beerenpfannkuchen:
300 g Beeren
(z.B. Himbeeren)
Puderzucker zum
Bestreuen

Für Käsepfannkuchen:
100 g geriebener
Emmentaler

1. Für den Teig das Mehl mit Eiern, Milch und Wasser verrühren und 15 Minuten quellen lassen. Das Öl in einer mittelgroßen Pfanne erhitzen und den Teig portionsweise hineingeben. Bei schwacher Hitze von der unteren Seite goldbraun backen, sodass auch die Oberfläche schön fest ist, dann wenden und goldbraun fertig backen.
2. Für die Apfelpfannkuchen die Äpfel waschen, in dünne Spalten schneiden und mit Zitronensaft beträufeln. Zum Schluss mit Zimt bestreuen und während des Ausbackens auf den Teig legen.
3. Für die Beerenpfannkuchen zuvor die Beeren verlesen und nach dem Wenden des Pfannkuchens auf eine Hälfte geben. Den Pfannkuchen zusammenklappen und vor dem Servieren mit Puderzucker bestreuen.
4. Für die Käsepfannkuchen den Pfannkuchen nach dem Wenden auf einer Hälfte mit Käse bestreuen, zusammenklappen und erneut von jeder Seite kurz bräunen.

→ **Tipp**

Käsepfannkuchen schmecken noch besser, wenn Sie zusätzlich Tomatenscheiben darauflegen und mit Oregano würzen.

 Klassisch:
Energie: 329 kcal Fett: 12 g
Kohlenhydrate: 41 g Eiweiß: 15 g Ballaststoffe: 6 g

Kartoffelplätzchen mit Käse

Für 6 Portionen

800 g Kartoffeln
150 g Weizenvollkorn-
mehl, ganz fein
gemahlen
100 g Magerquark
2 Eier
Jodsalz
Pfeffer
geriebene Muskatnuss
50 g geriebener Gouda
3 EL gehackte Kräuter
1 EL Rapsöl

1. Die Kartoffeln als Pellkartoffeln kochen, schälen und durch die Kartoffelpresse drücken. Mehl, Quark, Eier, Salz, Pfeffer und Muskat zugeben und alles gut mischen. Zuletzt den Käse und die Kräuter unterziehen.
2. Kleine Küchlein aus der Masse formen und im heißen Öl von beiden Seiten goldbraun backen.

→ Tipp

Die Kartoffelplätzchen schmecken lecker mit Möhren-Apfel-Rohkost oder Endiviensalat mit Orangen (→ Seite 127, 126).

 Pro Portion:
Energie: 253 kcal Fett: 6 g Kohlenhydrate: 37 g
Eiweiß: 12 g Ballaststoffe: 4 g

Süßspeisen & Desserts

Apfel-Quark-Auflauf

4 Äpfel

Saft von 1 Zitrone

2 Eier

50 g Zucker oder Honig

250 g Magerquark

2 EL Weizenvollkornmehl

½ TL Zimt

1. Die Äpfel gründlich waschen, grob raspeln und mit Zitronensaft beträufeln.
2. Die Eier trennen. Eigelbe mit Zucker oder Honig, Quark und Weizenvollkornmehl verschlagen.
3. Die Apfelmasse unterheben und mit Zimt abschmecken.
4. Die Eiweiße zu steifem Schnee schlagen und locker unter die Quark-Apfelmasse heben. In eine ofenfeste, gefettete Form füllen und den Auflauf 20–25 Minuten bei 180 °C Umluft backen.

ⓘ Energie: 227 kcal Fett: 3 g Kohlenhydrate: 35 g
Eiweiß: 13 g Ballaststoffe: 3 g

Vollkornwaffelherzen

Für 20 Stück

250 g Vollkornmehl
4 Eier
75 g Butter oder
Margarine
75 g Zucker oder Honig
50 g gehackte Mandeln
oder Haselnusskerne
50 g Sesamsamen
100 g feine Haferflocken
250 ml Milch, 1,5 % Fett
100–125 ml Mineral-
wasser
1 Msp. Vanillepulver
(→ Seite 110)

Alle Zutaten zu einem geschmeidigen Teig verrühren und die Waffeln im heißen Waffeleisen backen. Scheint der Teig zu fest, etwas mehr Mineralwasser zugeben.

→ Tipp

Wenn Sie die Waffeln tiefgekühlt haben, erhitzen Sie sie nach dem Auftauen kurz im Backofen oder auch im Toaster, dann sind sie wieder schön knusprig. Die Waffelherzen schmecken lecker mit heißen Kirschen oder Beeren, frisch geschlagener Sahne oder Vanilleeis.

 Pro Stück:
Energie: 151 kcal Fett: 8 g Kohlenhydrate: 15 g
Eiweiß: 5 g Ballaststoffe: 2 g

Saftiger Möhren-Nusskuchen

Für 12 Stücke

2 Möhren
4 Eier
150 g Zucker oder Honig
150 g Weizenvollkorn-
mehl
1 TL Backpulver
150 g gemahlene
Mandeln

1. Die Möhren schälen und fein reiben.
2. Die Eier trennen und die Eigelbe mit Zucker oder Honig und 50 ml Wasser schaumig schlagen. Zunächst Mehl und Backpulver, dann Möhren und Mandeln unterrühren.
3. Die Eiweiße zu Schnee schlagen und vorsichtig unterheben.
4. Den Teig in eine gefettete Springform füllen und 45 Minuten bei 180 °C Umluft backen.

 Pro Stück:
Energie: 196 kcal Fett: 9 g Kohlenhydrate: 22 g
Eiweiß: 7 g Ballaststoffe: 3 g

Aprikosenkuchen vom Blech

Für 20 Stück

Für den Belag:
1 ½ kg Aprikosen
75 g Cashewkerne
Saft von 1 Zitrone

Für den Teig:
250 g Butter oder
Margarine
250 g Zucker oder Honig
2 Msp. Vanillepulver
(→ Seite 110)
6 Eier
1 Prise Jodsalz
400 g Weizenvollkorn-
mehl
1 ½ Pck. Backpulver
6 EL Milch, 1,5 % Fett

1. Für den Belag die Aprikosen waschen und halbieren, dabei die Kerne entfernen. Die Cashewkerne grob hacken.
2. Für den Teig 200 g Butter oder Margarine, 200 g Zucker oder Honig, 1 Msp. Vanille, Eier, Salz, Mehl und Backpulver zu einem glatten Teig verrühren.
3. Den Backofen auf 200 °C (Umluft 180 °C) vorheizen. Zwei Drittel des Teiges auf einem gefetteten oder mit Backpapier ausgelegten Backblect verteilen. Die Aprikosenhälften daraufgeben und die Cashewkerne darüberstreuen.
4. Milch mit dem restlichen Teig verrühren und über die Aprikosen streichen. Restlichen Zucker oder Honig und 1 Msp. Vanille vermischen und über den Teig streuen. 50 g Butter oder Margarine in kleinen Flöckchen auf dem Teig verteilen.
5. Den Aprikosenkuchen ca. 40 Minuten bei 180 °C Umluft backen.

→ Tipp
Wenn Sie kein ganzes Blech, sondern den Kuchen lieber in einer Springform (ø 28 cm) backen möchten, reduzieren Sie die Mengen um ein Drittel.

 Pro Stück:
Energie: 289 kcal Fett: 15 g Kohlenhydrate: 33 g
Eiweiß: 6 g Ballaststoffe: 3 g

Schneller Schokoladenkuchen

Für 16 Stücke

250 g Butter oder
Margarine
1 Prise Vanillepulver
(→ Seite 110)
3 EL Kakaopulver
250 g Zucker oder Honig
400 g Weizenvollkorn-
mehl
1 Pck. Backpulver
4 Eier

Außerdem:
Schokoladenglasur nach
Belieben

1. Butter oder Margarine, Vanille, Kakao, Zucker oder Honig und 100 ml Wasser aufkochen und abkühlen lassen. Mit Mehl, Backpulver und Eiern vermengen und
den Teig in eine gefettete Form füllen.
2. Den Kuchen 45 Minuten bei 170 °C Umluft (180 °C
Ober-/Unterhitze) backen und vor dem Stürzen aus-
kühlen lassen. Nach Wunsch mit Schokoladenglasur
überziehen.

 Pro Stück:
Energie: 282 kcal Fett: 15 g Kohlenhydrate: 31 g
Eiweiß: 5 g Ballaststoffe: 5 g

Birnen-Crumble

Für 8 Portionen

1 kg Birnen
3 EL Honig oder
2 EL Zucker
1 TL Zimt
5 EL Rosinen
100 ml Apfelsaft

Für die Streusel:
150 g Weizenvollkorn-
mehl
90 g Butter oder
Margarine
50 g Zucker oder Honig

1. Die Birnen waschen und in Spalten schneiden, dabei die Kerngehäuse entfernen. Obstspalten und übrige Zutaten in eine gefettete Auflaufform füllen.
2. Für die Streusel alle Zutaten verkneten und auf die Bir-nenmasse geben. Den Crumble 30 Minuten bei 180 °C Umluft backen.

→ **Tipp**
Schmeckt besonders lecker mit Vanilleeis oder -soße.

→ **Variante**
Crumbles sind sehr vielseitig und können auch mit Äpfeln, Pfirsichen oder Pflaumen zubereitet werden.

ℹ Energie: 295 kcal Fett: 10 g Kohlenhydrate: 48 g
Eiweiß: 3 g Ballaststoffe: 6 g

Süße
Quark-Öl-Bärchen

Für 15–18 Stück

250 g Quark
2 Eier
8 EL Milch
100 ml Rapsöl
120 g Zucker
1 Msp. Vanillepulver
(→ Seite 110)
1 Pck. Backpulver
½ TL Jodsalz
500 g Weizen- oder
Dinkelvollkornmehl +
etwas zum Verarbeiten

Außerdem:
2 runde Formen
(z.B. Glas oder Becher,
ø 3 cm und ø 6 cm)
Rosinen oder Nüsse

1. Den Quark mit 1 Ei glatt rühren. Das zweite Ei trennen und das Eiweiß in den Quark rühren. Das Eigelb beiseitestellen.
2. Die Quark-Ei-Masse mit Milch, Öl, Zucker, Vanille, Backpulver, Salz und Mehl zu einem glatten Teig verkneten und den Teig auf einer bemehlten Arbeitsfläche ausrollen.
3. Für einen Bären jeweils mit einem Glas oder Becher einen großen und einen kleinen Kreis für die Ohren ausstechen. Den kleinen Kreis halbieren.
4. Die Bären dann auf einem mit Backpapier ausgelegten Blech zusammensetzen: Den großen Kreis mit Eigelb einpinseln, als Augen Rosinen oder Nüsse platzieren und zum Schluss die beiden Halbkreise mit Eigelb an die Seiten kleben. Das sind die Ohren.
5. Die weiteren Bären ebenso fertigstellen. Alle Bärchen noch einmal mit Eigelb bepinseln und 15–20 Minuten bei 180 °C Umluft backen.

→ Tipp

Die süßen Bärchen eignen sich gut für einen Kindergeburtstag. Die Kinder können selbst die Kreise ausstechen und zu Bären zusammenlegen.

 Pro Stück:
Energie: 209 kcal Fett: 8 g Kohlenhydrate: 27 g
Eiweiß: 7 g Ballaststoffe: 3 g

Nussecken mit Marzipan

Für 32 Stück

Für den Teig:

400 g Weizenvollkorn-
mehl

100 g brauner Zucker
oder Honig

200 g Butter oder
Margarine

2 Eier

Für den Belag:

100 g Marzipanrohmasse

3–4 EL Wasser

400 g gemahlene
Haselnusskerne

100 g Butter oder
Margarine

170 g brauner Zucker
oder Honig

100 g Schmand

2 Msp. Vanillepulver
(→ Seite 110)

1. Für den Teig Mehl, Zucker oder Honig, Butter oder Margarine und Eier verkneten und den Teig auf einem gefetteten Backblech ausrollen.
2. Die Zutaten für den Belag in einer Pfanne bei schwacher Hitze zu einer glatten Masse verrühren und gleichmäßig auf dem Teig verteilen.
3. Die Nussecken 20 Minuten bei 180 °C Umluft backen und noch warm in dreieckige Stücke schneiden.

→ **Tipp**

Nussecken sollten Sie nur in Maßen genießen, sie schmecken hervorragend, sind aber auch sehr fett- und zuckerreich. Wer kein Marzipan verwenden möchte, kann den Teig stattdessen nach dem Ausrollen mit Konfitüre bestreichen, z.B. mit Aprikosenkonfitüre.

 Pro Stück:
Energie: 251 kcal Fett: 18 g Kohlenhydrate: 18 g
Eiweiß: 5 g Ballaststoffe: 2 g

Rhabarber-Streuselkuchen vom Blech

Für 20 Stück

Für den Teig:
200 g Magerquark
6 EL Milch, 1,5 % Fett
1 Ei
60 g Rapsöl
1 Prise Jodsalz
90 g Zucker oder Honig
1 Pck. Backpulver
400 g Weizenvollkornmehl + etwas zum Verarbeiten

Für den Belag:
1 kg Rhabarber
90 g Zucker
Saft von 1 Zitrone

Für die Streusel:
200 g Weizenvollkornmehl
75 g Zucker oder Honig
120 g Butter oder Margarine
½–1 TL Zimt

1. Für den Teig Magerquark mit Milch, Ei, Öl, Salz und Zucker oder Honig verrühren. Backpulver und Weizenvollkornmehl zugeben, alles zu einem geschmeidigen Teig verarbeiten und 15 Minuten quellen lassen.
2. Für den Belag in der Zwischenzeit den Rhabarber schälen und in kleine Stücke schneiden. Zucker und Zitronensaft zugeben und gut mit dem Rhabarber vermengen.
3. Für die Streusel Weizenvollkornmehl, Zucker oder Honig, Butter oder Margarine und Zimt zu einem bröseligen Teig verkneten.
4. Den Quark-Öl-Teig auf ein bemehltes Backblech geben und gleichmäßig andrücken. Die Rhabarberstücke auf dem Teig verteilen und die Streusel darübergeben.
5. Den Kuchen 20–25 Minuten bei 180 °C Umluft backen.

→ Tipp
Wenn Sie kein ganzes Blech, sondern den Kuchen lieber in einer Springform (ø 28 cm) backen möchten, reduzieren Sie die Mengen einfach um ein Drittel.

 Pro Stück:
Energie: 237 kcal Fett: 9 g Kohlenhydrate: 32 g
Eiweiß: 6 g Ballaststoffe: 4 g

Knusprige Apfelschnecken mit Mandeln

Für 18 Stück

Für den Teig:
500 g Dinkel- oder
Weizenvollkornmehl,
fein gemahlen + etwas
zum Verarbeiten
1 Würfel Hefe oder
2 Pck. Trockenhefe
100 g Zucker oder Honig
175 ml lauwarme Milch,
1,5 % Fett
2 Eier
1 Prise Jodsalz
100 g weiche Butter oder
Margarine

Für die Füllung:
3 Äpfel
1 EL Zitronensaft
1 TL Zimt
50 g gehackte oder
gemahlene Mandeln
100 g Zucker oder Honig

1. Für den Teig das Mehl in eine Schüssel geben und in die Mitte eine Mulde drücken. Die Hefe hineinbröckeln und mit 1 EL Zucker oder Honig und der Hälfte der Milch in der Mulde verrühren. Mit etwas Mehl vom Rand bedecken und 20 Minuten gehen lassen.
2. Anschließend Eier, Salz, Butter oder Margarine, restliche Milch und den restlichen Zucker oder Honig zugeben und alles zu einem glatten Teig verkneten. Bei der Verwendung von Trockenhefe können sofort alle Zutaten miteinander vermischt werden. Den Teig erneut mindestens 20 Minuten gehen lassen.
3. Für die Füllung die Äpfel waschen, grob raspeln und mit den übrigen Zutaten mischen.
4. Den Teig auf einer bemehlten Arbeitsfläche zu einem Rechteck von ca. 50 x 35 cm ausrollen und mit der Apfelfüllung bestreichen. Aufrollen und in 2 cm dicke Scheiben schneiden. Die Schnecken auf ein mit Backpapier ausgelegtes Blech legen und dabei mit den Händen etwas auseinanderziehen, damit der aufgerollte Teig in der Mitte Platz zum Aufgehen hat. Schnecken an einem warmen Ort 30 Minuten gehen lassen.
5. 15–20 Minuten bei 180 °C Umluft backen.

→ **Variante**

Statt der Apfelfüllung kann der Teig auch einfach mit Konfitüre (z. B. Johannisbeerkonfitüre) bestrichen werden.

 Pro Stück:
Energie: 226 kcal Fett: 8 g Kohlenhydrate: 32 g
Eiweiß: 6 g Ballaststoffe: 3 g

Einfacher Kirschkuchen

Für 12 Stücke

500 g Süß- oder
Sauerkirschen
200 g Weizenvollkorn-
mehl
1 TL Backpulver
100 g Butter oder
Margarine
125 g Honig oder Zucker
2 Eier
Zitronenabrieb von
1 Bio-Zitrone
2 EL Milch, 1,5 % Fett

Außerdem:
1 EL Honig
4 EL Kirschsaft oder
Wasser

1. Die Kirschen waschen und entsteinen.
2. Mehl und Backpulver vermischen. In einer zweiten Schüssel Butter oder Margarine, Honig oder Zucker und Eier schaumig rühren, Zitronenabrieb, Mehl-Backpulver-Mischung und Milch unterziehen.
3. Den Teig in eine gefettete Springform geben, mit den Kirschen belegen und 40–50 Minuten bei 175 °C Umluft backen.
4. Den Honig mit Kirschsaft oder Wasser verrühren und den noch warmen Kuchen damit übergießen.

→ **Variante**
In den Teig können Sie auch ½ TL Zimt oder 1 EL Kakaopulver einrühren.

 Pro Stück:
Energie: 191 kcal Fett: 8 g Kohlenhydrate: 25 g
Eiweiß: 4 g Ballaststoffe: 2 g

Fruchtige Quarkcreme mit Erdbeeren

500 g Erdbeeren
100 ml Sahne
1 EL Zucker
250 g Magerquark
10 Kekse oder 2 Stücke
trockener Kuchenrest

1. Die Erdbeeren waschen, putzen und in Stücke schneiden. Einige besonders schöne Früchte zum Dekorieren beiseitelegen.
2. Die Sahne mit dem Zucker steif schlagen und unter den Quark heben.
3. Die Kekse oder den Kuchen zerkrümeln und den Boden von vier Gläsern oder einer kleinen Auflaufform damit bedecken. Die Quarkcreme und anschließend die Früchte daraufgeben. Diesen Schritt wiederholen und weitere Schichten einfüllen.
4. Die Creme mit den beiseitegelegten Erdbeeren dekorieren und kalt stellen.

→ Variante
In der Weihnachtszeit können Sie das Dessert abwandeln und mit Weihnachtsgebäck und geraspelten oder pürierten Birnen zubereiten.

Energie: 240 kcal Fett: 10 g Kohlenhydrate: 24 g
Eiweiß: 11 g Ballaststoffe: 3 g

Lieblingskäsekuchen vom Blech

Für 20 Stücke

Für den Teig:
250 g Butter oder Margarine
200 Zucker oder Honig
1 Ei
500 g Weizenvollkornmehl
1 Pck. Backpulver
1 Prise Vanillepulver
(→ Seite 110)
1 Prise Jodsalz

Für die Füllung:
1 kg Magerquark
4 EL Stärke
½ TL Vanillepulver
(→ Seite 110)
1 Ei
200 g Zucker oder Honig
2 EL Zitronensaft
50 g Rosinen

1. Für den Teig Butter oder Margarine mit Zucker oder Honig schaumig schlagen. Das Ei unterrühren, Weizenmehl zur Hälfte esslöffelweise unterrühren und Backpulver, Vanille und Salz zugeben.
2. Den Rest des Mehls auf den Teig geben und mit den Händen oder mit zwei Gabeln einarbeiten, sodass eine krümelige Masse entsteht.
3. Für die Füllung Quark, Stärke, Vanille, Ei, Zucker oder Honig und Zitronensaft verrühren. Zum Schluss die Rosinen unterheben.
4. Ca. die Hälfte des Teigs auf ein mit Backpapier ausgelegtes Blech geben und gut andrücken. Die Quarkfüllung daraufstreichen. Den übrigen Teig in Bröseln darauf verteilen und den Kuchen 35 Minuten bei 175 °C Umluft backen.

 Pro Stück:
Energie: 311 kcal Fett: 12 g Kohlenhydrate: 40 g
Eiweiß: 11 g Ballaststoffe: 3 g

Muffins

Grundrezept

Für 12 Stück

200 g Weizenvollkorn-
mehl
60 g feine Haferflocken
2 TL Backpulver
2 Eier
180 g Zucker oder Honig
100 ml Rapsöl, Butter
oder Margarine
1 Prise Vanillepulver
(→ Seite 110)
300 g Joghurt, 1,5 % Fett

Außerdem:
Puderzucker zum Be-
stäuben nach Belieben

1. Mehl mit Haferflocken und Backpulver mischen.
2. In einer zweiten Schüssel die Eier aufschlagen, verquirlen und mit Zucker oder Honig, Öl oder Fett, Vanille und Joghurt zu einem Teig verrühren.
3. Die Mehl- und die Fettmischung miteinander verrühren und den Teig in eine Muffin-Backform füllen und
   20 Minuten bei 180 °C Umluft backen.
4. Die Muffins abkühlen lassen und nach Belieben mit
   Puderzucker bestäuben.

→ Variante

*Muffins können in verschiedenen Varianten gebacken
werden, beispielsweise mit Schokoladenstücken oder ge-
mahlenen Haselnüssen, Mandeln oder Cashewkernen. Besonders lecker schmecken Sie mit Früchten wie Äpfel, Bananen, Himbeeren. Dafür ca. 200 g Obst klein schneiden
und unter den Teig heben.*

 Pro Stück:
Energie: 230 kcal Fett: 10 g Kohlenhydrate: 30 g
Eiweiß: 5 g Ballaststoffe: 2 g

Bratäpfel mit Rosinen und Zimt

4 säuerliche Äpfel
(z.B. Boskoop oder Cox Orange)
Saft von ½ Zitrone
2 TL Zucker oder Honig
3 EL Rosinen
½ TL Zimt

1. Die Äpfel gründlich waschen, vom Kerngehäuse befreien und in eine ofenfeste Form setzen. Mit Zitronensaft beträufeln und in jeden ausgehöhlten Apfel ½ TL Zucker oder Honig und Rosinen füllen, mit Zimt bestreuen.
2. Die Bratäpfel 15 Minuten bei 180 °C Umluft backen.

→ **Tipp**
Zu den warmen Bratäpfeln Vanillesoße oder -eis servieren. Schmeckt köstlich!

Energie: 128 kcal Fett: 0 g Kohlenhydrate: 29 g
Eiweiß: 1 g Ballaststoffe: 3 g

Anhang

Register
→

Zutatenregister
➡

Eine Übersicht der Rezepte finden
Sie auf den Seiten 6 und 7.

Adressen der Verbraucherzentralen

**Verbraucherzentrale
Baden-Württemberg e.V.**
Paulinenstraße 47
70178 Stuttgart
Telefon: 07 11/ 66 91-10
Fax: 07 11/66 91-50
www.vz-bawue.de

Verbraucherzentrale Bayern e.V.
Mozartstraße 9
80336 München
Telefon: 0 89/5 52 79 4-0
Fax: 0 89/53 75 53
www.vz-bayern.de

Verbraucherzentrale Berlin e.V.
Hardenbergplatz 2
10623 Berlin
Telefon: 0 30/2 14 85-0
Fax: 0 30/2 11 72 01
www.verbraucherzentrale-berlin.de

**Verbraucherzentrale
Brandenburg e.V.**
Babelsberger Straße 12
14473 Potsdam
Telefon: 03 31/2 98 71-0
Fax: 03 31/2 98 71-77
www.vzb.de

Verbraucherzentrale Bremen e.V.
Altenweg 4
28195 Bremen
Telefon: 04 21/1 60 77-7
Fax: 04 21/1 60 77 80
www.verbraucherzentrale-bremen.de

Verbraucherzentrale Hamburg e.V.
Kirchenallee 22
20099 Hamburg
Telefon: 0 40/2 48 32-0
Fax: 0 40/2 48 32-290
www.vzhh.de

Verbraucherzentrale Hessen e.V.
Große Friedberger Straße 13–17
60313 Frankfurt/Main
Telefon: 0 69/97 20 10-900
Fax: 0 69/97 20 10-40
www.verbraucher.de

**Verbraucherzentrale
Mecklenburg-Vorpommern e.V.**
Strandstraße 98
18055 Rostock
Telefon: 03 81/2 08 70-50
Fax: 03 81/2 08 70-30
www.verbraucherzentrale-mv.eu

**Verbraucherzentrale
Niedersachsen e.V.**
Herrenstraße 14
30159 Hannover
Telefon: 05 11/9 11 96-0
Fax: 05 11/9 11 96-10
www.vz-niedersachsen.de

**Verbraucherzentrale
Nordrhein-Westfalen e.V.**
Mintropstraße 27
40215 Düsseldorf
Telefon: 02 11/38 09-0
Fax: 02 11/38 09-216
www.verbraucherzentrale.nrw

**Verbraucherzentrale
Rheinland-Pfalz e.V.**
Seppel-Glückert-Passage 10
55116 Mainz
Telefon: 0 61 31/28 48-0
Fax: 0 61 31/28 48-66
www.vz-rlp.de

**Verbraucherzentrale des
Saarlandes e.V.**
Trierer Straße 22
66111 Saarbrücken
Telefon: 06 81/5 00 89-0
Fax: 06 81/5 00 89-22
www.vz-saar.de

Verbraucherzentrale Sachsen e.V.
Katharinenstraße 17
04109 Leipzig
Telefon: 03 41/69 62 90
Fax: 03 41/6 89 28 26
www.vzs.de

**Verbraucherzentrale
Sachsen-Anhalt e.V.**
Steinbockgasse 1
06108 Halle
Telefon: 03 45/2 98 03-29
Fax: 03 45/2 98 03-26
www.vzsa.de

**Verbraucherzentrale
Schleswig-Holstein e.V.**
Hopfenstr. 29
24103 Kiel
Telefon: 04 31/5 90 99-0
Fax: 04 31/5 90 99-77
www.vzsh.de

Verbraucherzentrale Thüringen e.V.
Eugen-Richter-Straße 45
99085 Erfurt
Telefon: 03 61/5 55 14-0
Fax: 03 61/5 55 14-40
www.vzth.de

**Verbraucherzentrale
Bundesverband e.V.**
Markgrafenstraße 66
10969 Berlin
Telefon: 0 30/2 58 00-0
Fax: 0 30/2 58 00-518
www.vzbv.de

Bildnachweis
S. 4, 5, 8, 61, 106–204 Christian Hacker,
S. 29 Kirsten Hötger, S. 34–35 BLE, Klaus Arras,
S. 45 Rheinischer LandFrauenverband e.V.,
S. 59 privat, S. 69 Verbraucherzentrale NRW e.V.

Illustrationen
Katrin Wiehle, außer S. 31 BLE

14. Auflage, August 2018

© Verbraucherzentrale NRW, Düsseldorf

Das Werk einschließlich aller seiner Teile ist urheberrecht-
lich geschützt. Jede Verwertung, die nicht ausdrücklich vom
Urheberrechtsgesetz zugelassen ist, bedarf der vorherigen
Zustimmung der Verbraucherzentrale NRW. Das gilt insbesondere für Vervielfältigungen, Bearbeitungen, Übersetzun-
gen, Mikroverfilmungen und die Einspeicherung und Verarbeitung in elektronischen Systemen. Das Buch darf ohne
Genehmigung der Verbraucherzentrale NRW auch nicht mit
(Werbe-)Aufklebern o. Ä. versehen werden. Die Verwendung
des Buches durch Dritte darf nicht zu absatzfördernden
Zwecken geschehen oder den Eindruck einer Zusammenar-
beit mit der Verbraucherzentrale NRW erwecken.

ISBN 978-3-86336-099-3

Printed in Germany

Impressum

Herausgeber
Verbraucherzentrale
Nordrhein-Westfalen e.V.
Mintropstraße 27, 40215 Düsseldorf
Telefon: 02 11/38 09-555
Telefax: 02 11/38 09-235
ratgeber@verbraucherzentrale.nrw
www.verbraucherzentrale.nrw

Mitherausgeber
Verbraucherzentrale Hamburg e.V.
Verbraucherzentrale Baden-Württem-
berg e.V.

Autorinnen
Gabriele Janthur, Ursula Plitzko,
Ursula Tenberge-Weber

Koordination
Wibke Westerfeld

Lektorat
Kathrin Nick, Köln

Nährwertberechnung
Aise Moumin

Gestaltungskonzept
Lichten Kommunikation und
Gestaltung, Hamburg
www.lichten.com

Layout und Satz
Sibylle in der Schmitten, Meerbusch
www.two-up.de

Umschlaggestaltung
Ute Lübbeke, Köln
www.lnt-design.de

Druck
Himmer GmbH, Augsburg
Gedruckt auf 100 % Recyclingpapier

Redaktionsschluss: Juli 2018